엄지 척! 자신만만
신나는 여행 일본어

지은이	최윤정
감수	오자키 다쓰지
펴낸이	정규도
펴낸곳	(주)다락원

초판 1쇄 발행 2017년 12월 5일
초판 4쇄 발행 2023년 11월 8일
책임편집 송화록, 한누리
디자인 김성희, 이승현
사진 출처 Shutterstock
JNTO

🔲 다락원
주소 경기도 파주시 문발로 211
내용문의 (02)736-2031 내선 460~465
구입문의 (02)736-2031 내선 250~252
Fax: (02)732-2037
출판등록 1977년 9월 16일 제406-2008-000007호

Copyright ⓒ 2017, 다락원

저자 및 출판사의 허락 없이 이 책의 일부 또는 전부를 무단 복제·전재·발췌 할 수 없습니다. 구입 후 철회는 회사 내규에 부합하는 경우에 가능하므로 구입문의처에 문의하시기 바랍니다. 분실·파손 등에 따른 소비자 피해에 대해서는 공정거래위원회에서 고시한 소비자 분쟁 해결 기준에 따라 보상 가능합니다. 잘못된 책은 바꿔 드립니다.

ISBN 978-89-277-1190-2 13730

http://www.darakwon.co.kr
· 다락원 홈페이지를 방문하시면 상세한 출판 정보와 함께 동영상 강의, MP3 자료 등 다양한 어학 정보를 얻으실 수 있습니다.
· 다락원 홈페이지에서 「엄지 척! 자신만만 신나는 여행 일본어」를 검색하시거나 앞날개의 QR코드를 스캔하면 MP3 파일을 이용하실 수 있습니다.

머리말

비행기로 두 시간이면 갈 수 있는 일본에서!

· 영어로 물어봤는데 일본어로 답이 돌아와서 당황한 적이 있습니까?
· 스마트폰 통역기를 사용했는데, 상대방이 못 알아들어서 난처한 적이 있습니까?
· 일본어를 조금 알아듣기는 하는데 대답을 못해 답답함을 느낀 적이 있습니까?
· 필요한 말만 족집게처럼 집어주는 여행 일본어 책이 있으면 좋겠다고 생각한 적이 있습니까?

위 질문에 'YES'라는 답이 하나라도 있다면 이 책과 함께 여행하시길 권합니다. 이 책은 다음과 같은 부분에 중점을 두었습니다.

1. 정말 쉽고 간단한 표현만 모았습니다.
2. 일본어를 모르더라도 원음에 최대한 가깝게 발음할 수 있도록 우리말로 표기하였습니다.
3. 상황별로 자주 쓰이는 단어와 문장을 선별하였으며 패턴을 쉽게 익힐 수 있게 하였습니다.
4. 일본의 문화 및 여행 정보를 얻을 수 있는 '쉬어가기' 코너를 마련하였습니다.

이 책을 통해 여러분이 현지인들과 두려움 없이 소통할 수 있는 자신감을 얻고, 소중히 간직할 추억을 만드시길 바랍니다.

최윤정

이 책의 구성과 특징

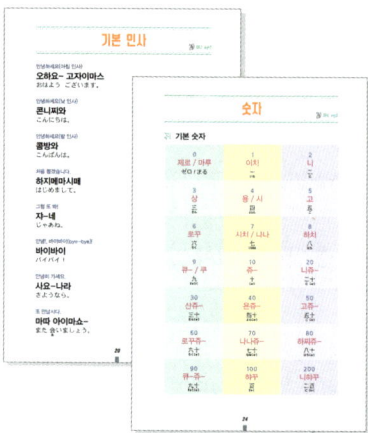

알아두면 좋은 일본어 기초 표현

일본어 문자와 많이 쓰는 일본어 인사말, 숫자를 보기 쉽게 정리하였습니다.

주제별 제시

여행할 때 만날 수 있는 상황을 크게 여덟 가지 주제로 나누어 정리하였습니다. 원하는 주제가 있는 면을 쉽게 찾을 수 있게 바로 옆에 있는 인덱스에 페이지를 표시해 놓았습니다.

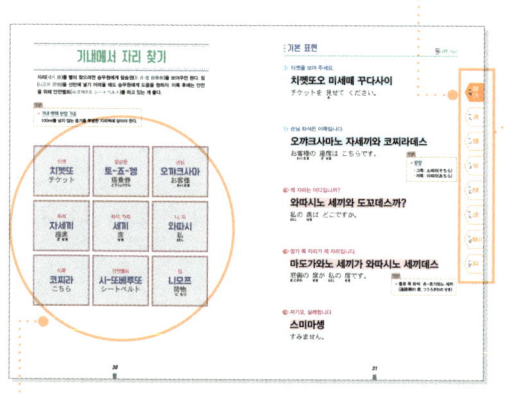

상황별 설명 및 중요 단어

상황에 대한 간단한 설명과 상황별로 많이 접하는 단어를 보기 좋게 정리하였습니다.

기본 표현

각 주어진 상황 속에서 직접 일본어를 말해 볼 수 있게 쉬우면서도 명료한 표현을 엄선하였습니다. 또한 말문을 여는 것뿐만 아니라 여행지에서 접하는 간단한 표현은 알아들을 수 있게끔 자주 듣는 표현도 선별하여 실었습니다. 말하는 표현은 '🗣', 듣는 표현은 '👂'을 확인해 주세요.

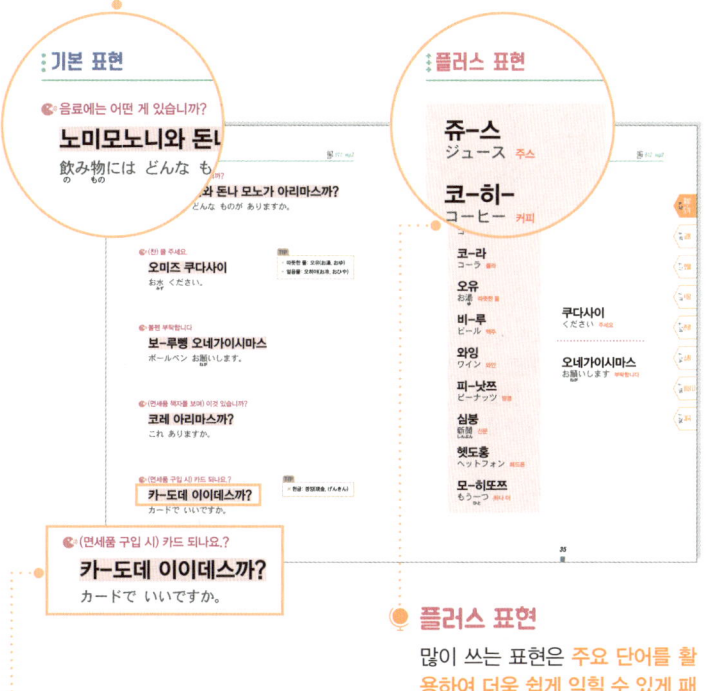

기본 표현

🗣 (면세품 구입 시) 카드 되나요?

카-도데 이이데스까?

カードで いいですか。

플러스 표현

많이 쓰는 표현은 주요 단어를 활용하여 더욱 쉽게 익힐 수 있게 패턴으로 제시하였습니다.

독음

히라가나와 가타카나를 읽는 데 익숙하지 않은 분을 위하여 모든 단어와 문장에 한글 독음을 제시하였습니다. 최대한 원어민 발음에 가깝게 표기했습니다. '-'는 장음을 뜻하니 길게 발음해 주세요. 청음의 경우, 어두와 무성화되는 음절은 거센소리, 기타 음절은 된소리로 표기했으니 참고해 주시길 바랍니다. 단, 예외가 있을 수 있습니다.

메뉴판 찾아보기

먹거리를 즐길 때 메뉴를 쉽게 알 수 있게끔 다양한 **음료와 음식** 단어를 보기 편하게 정리하였습니다.

패스트푸드점에서 | 술집에서
초밥집에서 | 라면집에서 | 카페에서

잠깐! ○○에 가면

인기 **여행지를 사진과 함께 소개**하였습니다.

도쿄 | 가나가와 | 교토 | 오사카 | 고베
홋카이도 | 오키나와 | 나고야 | 나가사키
기후 | 나가노 | 히로시마

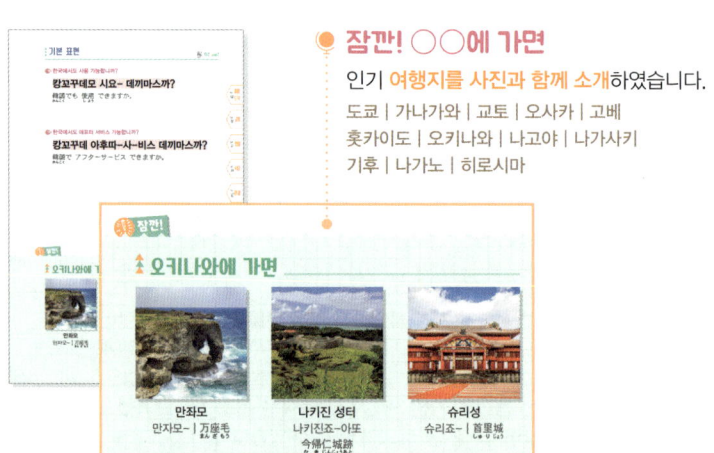

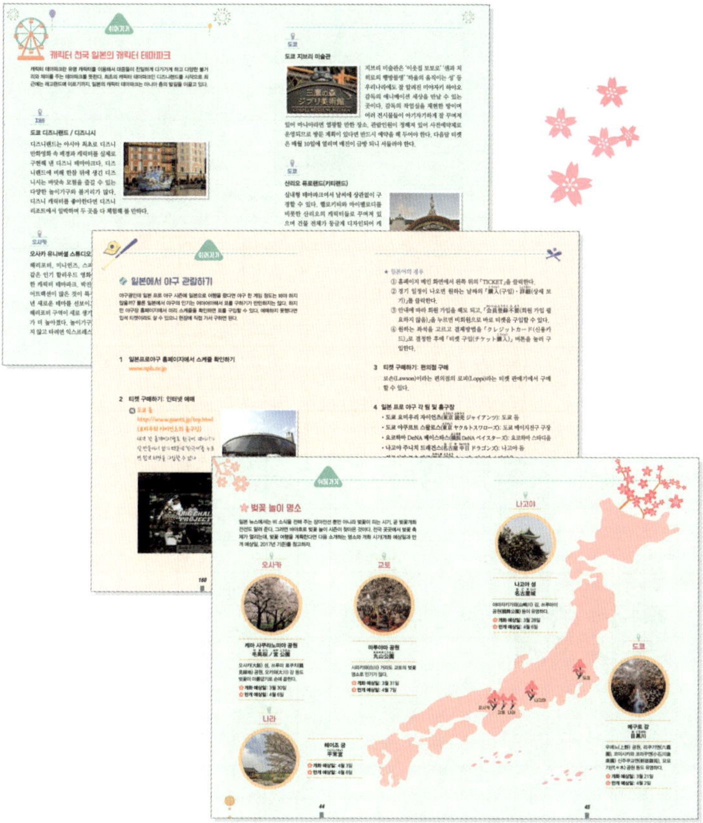

쉬어가기

여행 계획을 짤 때 도움이 될 만한 **일본 문화 및 여행 정보**를 간단히 정리했습니다.

벚꽃놀이 명소 | 교통카드: 스이카와 파스모 | 일본 주요 마쓰리
도쿄 vs 오사카 음식 문화 | 사진으로 만나는 일본 음식
일본 야구 관람 | 2020년을 대비한 하계 올림픽 주요 종목
기모노 | 캐릭터 테마파크 | 전망대 및 야경 명소

부록: 여행 일본어 표현 목록

책에 실린 표현을 한눈에 볼 수 있게끔 정리해 놓았습니다.

🎯 MP3 파일 활용하기

읽고 말하는 연습을 할 때 정확한 발음을 내고 일본어 소리에 익숙해지는 데에 도움이 되고자 다락원 홈페이지에 무료로 다운로드 받을 수 있는 음성 파일을 준비해 두었으니 꼭 들으면서 연습하시기 바랍니다.

스마트폰

스마트폰으로 QR코드를 스캔하면 다락원 홈페이지의 본책 페이지로 바로 이동합니다. 'MP3 듣기' 버튼을 클릭합니다. 모바일로 접속하면 회원 가입과 로그인 절차 없이 바로 MP3 파일을 듣거나 다운로드 받을 수 있습니다.

PC

다락원 홈페이지(www.darakwon.co.kr)에 접속하여 『엄지 척! 자신만만 신나는 여행 일본어』를 검색하면 자료실에서 MP3 파일을 듣거나 다운로드 받을 수 있습니다. 간단한 회원 가입 절차가 필요합니다.

🎯 별책: 여행자 노트

나만의 여행 다이어리를 만들어 더욱 신나고 알찬 여행을 즐길 수 있게 별책으로 **여행자 노트**를 제공합니다.

목차

머리말
이 책의 구성과 특징

0　알아두면 좋은 일본어 기초 표현　16

1　출발 · 도착

기내에서 자리 찾기	30
기내 서비스 요청하기	33
기내 돌발 상황	36
입국심사 및 짐 찾기	40

쉬어가기 　벚꽃 놀이 명소

2　교통

전철 및 지하철 이용하기	50
버스 이용하기	54
택시 이용하기	59
렌터카 이용하기	63

자전거 빌리기　　　　　　　　　　　67
길 물어보기　　　　　　　　　　　69

쉬머가기 **스이카와 파스모**

3　호텔

체크인: 예약했을 때　　　　　　　　78
체크인: 예약을 안 했을 때　　　　　82
호텔 시설 이용하기　　　　　　　　86
방에 문제가 생겼을 때　　　　　　　90
체크아웃하기　　　　　　　　　　　94

쉬머가기 **도시별 주요 마쓰리**

4　식당

예약하기　　　　　　　　　　　　100
식당에 들어가기　　　　　　　　　104
주문하기　　　　　　　　　　　　108
문제가 생겼을 때　　　　　　　　　113
계산하기　　　　　　　　　　　　116
패스트푸드점에서　　　　　　　　119
술집에서　　　　　　　　　　　　123
초밥집에서　　　　　　　　　　　128
라면집에서　　　　　　　　　　　133
카페에서　　　　　　　　　　　　136

쉬머가기 **도쿄 vs 오사카 음식 문화**
　　　　　사진으로 만나는 일본 음식

5 관광

정보 얻기	150
표 구입하고 관광하기	153
공연 관람하기	156
스포츠 관람하기	158

쉬어가기 일본에서 야구 관람하기
　　　　　　하계 올림픽 주요 종목

6 쇼핑

상점 찾기	166
물건 구경하기 I	170
물건 구경하기 II – 색깔	174
물건 구경하기 III – 소재, 디자인, 사이즈	176
흥정 및 계산하기	178
교환 및 환불하기	182
기모노 빌리기	184

쉬어가기 기모노

7 비상시

분실 및 도난	190
사고가 났을 때	194
병원에서	197
약국에서	201

위급할 때 203
쉬어가기 **캐릭터 천국 일본의 캐릭터 테마파크**

8 귀국

탑승 수속 208
공항 면세점에서 212
쉬어가기 **일본의 전망대 및 야경 명소**

부록: 여행 일본어 표현 목록 218

Unit 0

알아두면 좋은
일본어 기초 표현

- 히라가나
- 가타카나
- 기본 인사
- 대답
- 감사, 사과, 부탁
- 숫자

히라가나

🔊 001_mp3

	あ단	い단	う단	え단	お단
あ행	あ 아 a	い 이 i	う 우 u	え 에 e	お 오 o
か행	か 카 ka	き 키 ki	く 쿠 ku	け 케 ke	こ 코 ko
さ행	さ 사 sa	し 시 shi	す 스 su	せ 세 se	そ 소 so
た행	た 타 ta	ち 치 chi	つ 쓰 tsu	て 테 te	と 토 to
な행	な 나 na	に 니 ni	ぬ 누 nu	ね 네 ne	の 노 no
は행	は 하 ha	ひ 히 hi	ふ 후 fu	へ 헤 he	ほ 호 ho
ま행	ま 마 ma	み 미 mi	む 무 mu	め 메 me	も 모 mo
や행	や 야 ya		ゆ 유 yu		よ 요 yo
ら행	ら 라 ra	り 리 ri	る 루 ru	れ 레 re	ろ 로 ro
わ행	わ 와 wa				を 오 o
	ん 응 n				

가타카나

	ア단	イ단	ウ단	エ단	オ단
ア행	ア 아 a	イ 이 i	ウ 우 u	エ 에 e	オ 오 o
カ행	カ 카 ka	キ 키 ki	ク 쿠 ku	ケ 케 ke	コ 코 ko
サ행	サ 사 sa	シ 시 shi	ス 스 su	セ 세 se	ソ 소 so
タ행	タ 타 ta	チ 치 chi	ツ 쓰 tsu	テ 테 te	ト 토 to
ナ행	ナ 나 na	ニ 니 ni	ヌ 누 nu	ネ 네 ne	ノ 노 no
ハ행	ハ 하 ha	ヒ 히 hi	フ 후 fu	ヘ 헤 he	ホ 호 ho
マ행	マ 마 ma	ミ 미 mi	ム 무 mu	メ 메 me	モ 모 mo
ヤ행	ヤ 야 ya		ユ 유 yu		ヨ 요 yo
ラ행	ラ 라 ra	リ 리 ri	ル 루 ru	レ 레 re	ロ 로 ro
ワ행	ワ 와 wa				ヲ 오 o
	ン 응 n				

기본 인사

안녕하세요(아침 인사)
오하요- 고자이마스
おはよう ございます。

안녕하세요(낮 인사)
콘니찌와
こんにちは。

안녕하세요(밤 인사)
콤방와
こんばんは。

처음 뵙겠습니다.
하지메마시떼
はじめまして。

그럼 또 봐!
쟈-네
じゃあね。

안녕!, 바이바이(bye-bye)!
바이바이
バイバイ！

안녕히 가세요.
사요-나라
さようなら。

또 만납시다.
마따 아이마쇼-
また 会いましょう。

안녕히 주무세요.
오야스미나사이
お休みなさい。

잘 부탁드립니다.
요로시꾸 오네가이시마스
よろしく お願いします。

환영합니다.
요-꼬소
ようこそ。

어서 오세요.
이랏샤이마세
いらっしゃいませ。

잘 먹겠습니다.
이따다끼마스
いただきます。

잘 먹었습니다.
고치소-사마데시따
ごちそうさまでした。

축하합니다
오메데또- 고자이마스
おめでとう ございます。

대답

네
하이
はい

아니요
이-에
いいえ

알겠습니다
와까리마시따
分かりました。

모르겠습니다
와까리마셍
分かりません。

그렇습니다.
소-데스
そうです。

일본어는 모릅니다
니홍고와 와까리마셍
日本語は 分かりません。

괜찮아요? 　　　　　　　괜찮습니다.
다이죠-부데스까? :: 다이죠-부데스
大丈夫ですか。　　　　大丈夫です。

괜찮아요?　　　　　　　괜찮습니다.
이이데스까? :: 이이데스
いいですか。　　　いいです。

감사, 사과, 부탁

고맙습니다.
도-모
どうも。

고맙습니다.
아리가또- 고자이마스
ありがとう ございます

미안합니다.
스미마셍
すみません。

저기요, 실례합니다.
스미마셍
すみません。

한번 더 말해 주세요
모- 이찌도 잇떼 쿠다사이
もう 一度 言って ください

숫자

✈ 기본 숫자

0 제로 / 마루 ゼロ / まる	1 이치 一 いち	2 니 二 に
3 상 三 さん	4 용 / 시 四 よん/し	5 고 五 ご
6 로꾸 六 ろく	7 시치 / 나나 七 しち/なな	8 하치 八 はち
9 큐- / 쿠 九 きゅう/く	10 쥬- 十 じゅう	20 니쥬- 二十 に じゅう
30 산쥬- 三十 さんじゅう	40 욘쥬- 四十 よんじゅう	50 고쥬- 五十 ご じゅう
60 로꾸쥬- 六十 ろくじゅう	70 나나쥬- 七十 ななじゅう	80 하찌쥬- 八十 はちじゅう
90 큐-쥬- 九十 きゅうじゅう	100 햐꾸 百 ひゃく	200 니햐꾸 二百 に ひゃく

300 삼뱌꾸 三百 さんびゃく	400 용햐꾸 四百 よんひゃく	500 고햐꾸 五百 ごひゃく
600 롭빠꾸 六百 ろっぴゃく	700 나나햐꾸 七百 ななひゃく	800 합빠꾸 八百 はっぴゃく
900 큐-햐꾸 九百 きゅうひゃく	천 셍 千 せん	이천 니셍 二千 にせん
삼천 산젱 三千 さんぜん	사천 욘셍 四千 よんせん	오천 고셍 五千 ごせん
육천 로크셍 六千 ろくせん	칠천 나나셍 七千 ななせん	팔천 핫셍 八千 はっせん
구천 큐-셍 九千 きゅうせん	만 이찌망 一万 いちまん	십만 쥬-망 十万 じゅうまん

일본의 숫자는 우리나라의 숫자와 비슷한 점이 많다. 앞서 배운 1부터 10을 활용하여 조합하면 11이상의 숫자를 만들 수 있다. 백단위와 천단위는 앞에 오는 숫자에 따라 백, 천의 발음이 달라지므로 잘 확인하도록 한다.

✈ 돈

1엔 **이찌엥** 一円 いちえん		**5엔** **고엥** 五円 ごえん	
10엔 **쥬-엥** 十円 じゅうえん		**50엔** **고쥬-엥** 五十円 ごじゅうえん	
100엔 **햐꾸엥** 百円 ひゃくえん		**500엔** **고햐꾸엥** 五百円 ごひゃくえん	
1,000엔 **셍엥** 千円 せんえん		**2,000엔** **니셍엥** 二千円 にせんえん	
5,000엔 **고셍엥** 五千円 ごせんえん		**10,000엔** **이찌망엥** 一万円 いちまんえん	

✈ 개수 세기

🎵 008_mp3

한 개, 하나 **히또쯔** 一つ ひと	두 개, 둘 **후따쯔** 二つ ふた
세 개, 셋 **밋쯔** 三つ みっ	네 개, 넷 **욧쯔** 四つ よっ
다섯 개 **이쯔쯔** 五つ いつ	여섯 개 **뭇쯔** 六つ むっ
일곱 개 **나나쯔** 七つ なな	여덟 개 **얏쯔** 八つ やっ
아홉 개 **코꼬노쯔** 九つ ここの	열 개 **토-** 十 とお

Unit 1

출발 및 도착

- 기내에서 자리 찾기
- 기내 서비스 요청하기
- 기내 돌발 상황
- 입국심사 및 짐 찾기

기내에서 자리 찾기

자리(세키 席)를 빨리 찾으려면 승무원에게 탑승권(토-죠-껭 搭乗券)을 보여주면 된다. 짐(니모쯔 荷物)을 선반에 넣기 어려울 때도 승무원에게 도움을 청하자. 이륙 후에는 안전을 위해 안전벨트(시-또베루토 シートベルト)를 하고 있는 게 좋다.

> **TIP**
> ✗ **기내 액체 반입 기준**
> 100ml를 넘지 않는 용기를 투명한 지퍼백에 담아야 한다.

티켓 **치껫또** チケット	탑승권 **토-죠-껭** 搭乗券 とうじょうけん	손님 **오꺄크사마** お客様 きゃくさま
좌석 **자세끼** 座席 ざせき	좌석, 자리 **세끼** 席 せき	나, 저 **와따시** 私 わたし
이쪽 **코찌라** こちら	안전벨트 **시-또베루또** シートベルト	짐 **니모쯔** 荷物 にもつ

:기본 표현

🎧 009_mp3

🎧 티켓을 보여 주세요.

치껫또오 미세떼 꾸다사이

チケットを 見せて ください。

🎧 손님 좌석은 이쪽입니다.

오꺄크사마노 자세끼와 코찌라데스

お客様の 座席は こちらです。

TIP
× 방향
- 그쪽: 소찌라(そちら)
- 저쪽: 아찌라(あちら)

🎧 제 자리는 어디입니까?

와따시노 세끼와 도꼬데스까?

私の 席は どこですか。

🎧 창가 쪽 자리가 제 자리입니다.

마도가와노 세끼가 와따시노 세끼데스

窓側の 席が 私の 席です。

TIP
× 통로 쪽 좌석: 츠-로가와노 세끼
(通路側の 席, つうろがわの せき)

🎧 저기요, 실례합니다

스미마셍

すみません。

기본 표현

🔊 지나가도 될까요?

춋또 토-시떼 꾸다사이

ちょっと 通して ください。

🔊 자리를 바꿔도 될까요?

세끼오 카왓떼모 이이데스까?

席を 替わっても いいですか。

🔊 짐을 넣을 장소가 없습니다.

니모쯔오 이레루 바쇼가 아리마셍

荷物を 入れる 場所が ありません。

🔊 안전벨트를 매 주세요.

시-또베루또오 오시메 꾸다사이

シートベルトを お締め ください。

기내 서비스 요청하기

음료는 필요하면 언제든지 더 달라고 할 수 있다. 출발 전에 면세품(멘제-힝 免税品)을 사지 못했다면 기내 쇼핑을 이용하면 된다. 제공받은 담요(모-후 毛布)나 헤드폰(헷도홍 ヘッドフォン)은 항공사 자산이니 갖고 가는 일이 없도록 주의하자. 기내에서 승무원이 나누어 주는 입국신고서(뉴-꼬크까-도 入国カード)를 미리 작성해 두면 입국심사할 때 편하다.

> **TIP**
> × **입국신고서 작성 유의사항**
> 숙박할 곳 주소와 연락처를 미리 알아둘 것.

음료, 마실 것	물	담요
노미모노 飲み物	**오미즈** お水	**모-후** 毛布

헤드폰	입국신고서	볼펜
헷도홍 ヘッドフォン	**뉴-꼬크까-도** 入国カード	**보-루뻰** ボールペン

면세품	이것	(신용) 카드
멘제-힝 免税品	**코레** これ	**카-도** カード

:기본 표현

 011_mp3

🔊 음료에는 어떤 게 있습니까?

노미모노니와 돈나 모노가 아리마스까?

飲み物には どんな ものが ありますか。

🔊 (찬) 물 주세요.

오미즈 쿠다사이

お水 ください。

TIP
- 따뜻한 물: 오유(お湯, おゆ)
- 얼음물: 오히야(お冷, おひや)

🔊 볼펜 부탁합니다

보-루뻰 오네가이시마스

ボールペン お願いします。

🔊 (면세품 책자를 보며) 이것 있습니까?

코레 아리마스까?

これ ありますか。

🔊 (면세품 구입 시) 카드 되나요.?

카-도데 이이데스까?

カードで いいですか。

TIP
× 현금: 겡낑(現金, げんきん)

✜ 플러스 표현

🔊 012_mp3

쥬-스
ジュース 주스

코-히-
コーヒー 커피

코-라
コーラ 콜라

오유
お湯(ゆ) 따뜻한 물

비-루
ビール 맥주

와잉
ワイン 와인

피-낫쯔
ピーナッツ 땅콩

심붕
新聞(しんぶん) 신문

헷도홍
ヘッドフォン 헤드폰

모-히또쯔
もう一つ(ひと) 하나 더

쿠다사이
ください 주세요

....

오네가이시마스
お願(ねが)いします 부탁합니다

기내 돌발 상황

급한 용무가 있을 때는 승무원을 큰소리로 부르지 말고 호출 버튼을 이용하는 게 좋다. 추울 때는 담요(모-후 毛布), 속이 불편할 때는 소화제(이구스리 胃薬)를 요청할 수 있다. 앞 좌석 포켓에 멀미 봉지(에치켓또부꾸로 エチケット袋)가 구비되어 있으므로 필요할 때 바로 이용하자.

아프다
이따이
痛い
いた

약
크스리
薬
くすり

토할 것 같은 기분
하키께
吐き気
は　け

멀미봉지
에치켓또 부꾸로
エチケット袋
ぶくろ

멀미약
요이도메 구스리
よいどめ薬
くすり

소화제
이구스리
胃薬
い くすり

냉방(에어컨)
레-보-
冷房
れいぼう

화장실
토이레
トイレ

고장
코쇼-
故障
こ しょう

기본 표현

🔊 몸이 좋지 않습니다.

키붕가 와루인데스

気分が 悪いんです。

🔊 머리가 아파요.

아따마가 이따인데스

頭が 痛いんです。

🔊 약 있습니까?

크스리 아리마스까?

薬 ありますか。

🔊 토할 것 같아요.

하키께가 스룬데스

吐き気が するんです。

🔊 멀미봉지 부탁합니다.

에치껫또부꾸로 오네가이시마스

エチケット袋 お願いします。

기본 표현

 014_mp3

🗣 냉방(에어컨)을 꺼 주세요.

레-보-오 토메떼 꾸다사이

冷房を とめて ください。
れいぼう

🗣 화장실은 어디입니까?

토이레와 도꼬데스까?

トイレは どこですか。

🗣 화장실이 고장 난 것 같은데요.

토이레가 코쇼-시떼루미따이난데스께도

トイレが 故障してるみたいなんですけど。
　　　　こしょう

잠깐!

도쿄에 가면

아사쿠사 센소 사
아사크사센소-지
浅草浅草寺
あさくさせんそうじ

오다이바
오다이바 | お台場
　　　　　だいば

신주쿠 교엔
신주꾸교엥
新宿御苑
しんじゅくぎょえん

플러스 표현

015_mp3

모-후
もうふ 담요

크스리
薬 약

이구스리
胃薬 소화제

요이도메구스리
よいどめ薬 멀미약

에치껫또부꾸로
エチケット袋 멀미봉지

아리마스까?
ありますか 있습니까?

오네가이시마스
お願いします 부탁합니다.

잠깐!

가나가와에 가면

에노시마
에노시마 | 江ノ島

요코하마 중화거리
요꼬하마쮸-까가이
横浜中華街

가마쿠라 대불
카마꾸라다이부쯔
鎌倉大仏

입국심사 및 짐 찾기

일본은 입국 시에 개인식별정보 제공이 의무화되어 있어 지문과 얼굴 사진을 찍고 심사를 받아야 한다. 입국신고서(뉴-꼬크까-도 入国カード)는 미리 준비하면 심사 대기 시간을 줄일 수 있다. 면세 범위가 넘은 물품을 구입했다면 세관(제-깡 税関)에 반드시 신고(신꼬꾸 申告)해야 한다.

방문 **호-몽** 訪問 ほうもん	목적 **모크떼끼** 目的 もくてき	관광 **캉꼬-** 観光 かんこう
비즈니스 **비지네스** ビジネス	며칠간 **난니치깡** 何日間 なんにちかん	체재, 체류 **타이자이** 滞在 たいざい
숙박 장소 **슈꾸하크사끼** 宿泊先 しゅくはくさき	친척 **신세끼** 親戚 しんせき	세관 **제-깡** 税関 ぜいかん
신고 **신꼬꾸** 申告 しんこく	여행가방 **스-츠께-스** スーツケース	수하물, 손짐 **테니모쯔** 手荷物 てにもつ

:기본 표현

🎧 방문 목적이 무엇입니까?

호-몬노 모크떼끼와 난데스까?

訪問の 目的は 何ですか。
ほうもん もくてき なん

💬 관광입니다.

캉꼬-데스

観光です。
かんこう

🎧 일본에 며칠 동안 머무릅니까?

니혼니 난니치깡 타이자이시마스까?

日本に 何日間 滞在しますか。
に ほん なんにちかん たいざい

💬 3일간입니다.

믹까깡데스

三日間です。
みっ か かん

🎧 숙박 장소는 어디입니까?

슈꾸하크사끼와 도꼬데스까?

宿泊先は どこですか。
しゅくはくさき

:기본 표현

017_mp3

🔊 친척 집입니다.

신세끼노 이에데스

親戚の 家です。
しんせき　　いえ

> **TIP**
> ✕ 호텔에서 묵을 경우에는 자신이 묵을 호텔 이름을 이야기하자.
> • 호텔: 호떼루(ホテル)

🔊 신고할 물건은 없습니까?

나니까 신꼬크스루 모노와 아리마셍까?

何か 申告する ものは ありませんか。
なに　しんこく

🔊 제 가방이 나오지 않는데요.

와따시노 스-츠께-스가 데떼 꼬나인데스께도

私の スーツケースが 出て こないんですけど。
わたし　　　　　　　　　で

잠깐!

교토에 가면

긴카쿠지(금각사)
킨까쿠지 | 金閣寺
きんかくじ

기요미즈데라(청수사)
키요미즈데라 | 清水寺
きよみずでら

청어 메밀국수
니신소바 | にしんそば

플러스 표현

 018_mp3

일본에 며칠 동안 머무릅니까?
니혼니 난니치깡 타이자이시마스까?
日本に 何日間 滞在しますか。
にほん なんにちかん たいざい

후츠까깡 二日間 이틀간
ふつかかん

밋까깡 三日間 3일간
みっかかん

욕까깡 四日間 4일간
よっかかん

이츠까깡 五日間 5일간
いつかかん

무이까깡 六日間 6일간
むいかかん

나노까깡 七日間 7일간
なのかかん

요-까깡 八日間 8일간
ようかかん

코꼬노까깡 九日間 9일간
ここのかかん

토-까깡 十日間 10일간
とおかかん

잇슈-깡 一週間 일주일 동안
いっしゅうかん

니슈-깡 二週間 이주일 동안
にしゅうかん

데스
です ~입니다

쉬어가기

🌸 벚꽃 놀이 명소

일본 뉴스에서는 비 소식을 전해 주는 장마전선 뿐만 아니라 벚꽃이 피는 시기, 곧 벚꽃개화 전선도 알려 준다. 그러면 바야흐로 벚꽃 놀이 시즌이 찾아온 것이다. 전국 곳곳에서 벚꽃 축제가 열리는데, 벚꽃 여행을 계획한다면 다음 소개하는 명소와 개화 시기(개화 예상일과 만개 예상일, 2017년 기준)를 참고하자.

오사카

케마 사쿠라노미야 공원
毛馬桜ノ宮 公園
(け ま さくら   みや こうえん)

오사카(大阪) 성, 쓰루미 료쿠치(鶴見緑地) 공원, 오카와(大川) 강 등도 벚꽃이 아름답기로 손에 꼽힌다.

🌸 **개화 예상일:** 3월 30일
🌸 **만개 예상일:** 4월 6일

교토

마루야마 공원
丸山公園
(まるやまこうえん)

시라카와(白川) 거리도 교토의 벚꽃 명소로 인기가 많다.

🌸 **개화 예상일:** 3월 31일
🌸 **만개 예상일:** 4월 7일

나라

헤이조 궁
平常宮
(へいじょうきゅう)

🌸 **개화 예상일:** 4월 3일
🌸 **만개 예상일:** 4월 8일

나고야

나고야 성
名古屋城

야마자키가와(山崎川) 강, 쓰루마이 공원(鶴舞公園) 등이 유명하다.

🌸 개화 예상일: 3월 28일
🌸 만개 예상일: 4월 6일

도쿄

메구로 강
目黒川

우에노(上野) 공원, 리쿠기엔(六義園), 코이시카와 코라쿠엔(小石川後楽園) 신주쿠교엔(新宿御苑), 요요기(代々木) 공원 등도 유명하다.

🌸 개화 예상일: 3월 21일
🌸 만개 예상일: 4월 2일

 벚꽃놀이 명소

 쉬어가기

후쿠오카

마이즈루 공원(옛 후쿠오카 성터)
まいずるこうえん
舞鶴公園

🌸 개화 예상일: 3월 25일
🌸 만개 예상일: 4월 5일

히로시마

헤이와 공원
へいわこうえん
平和公園

히로시마(広島) 성, 슛케이엔(縮景園) 정원 등도 유명하다.

🌸 개화 예상일: 3월 27일
🌸 만개 예상일: 4월 7일

오키나와

나키진 성터
なきじんじょうあと
今帰仁城跡

요기(与儀) 공원도 벚꽃놀이를 즐기기에 좋다.

🌸 개화 예상일: 1월 31일
🌸 만개 예상일: 2월 13일

 히로시마
후쿠오카
 오키

홋카이도

하코다테 고료카쿠 공원
函館 五稜郭公園
_{はこだて ごりょうかくこうえん}

그 밖에 벚꽃 명소로 잘 알려진 곳으로는 마쓰마에 공원(松前公園)이 있다.

- 개화 예상일: 4월 27일
- 만개 예상일: 4월 30일

홋카이도

아오모리

아오모리

히로사키 성
弘前城
_{ひろさきじょう}

- 개화 예상일: 4월 17일
- 만개 예상일: 4월 21일

Unit 2

교통

- 전철 및 지하철 이용하기
- 버스 이용하기
- 택시 이용하기
- 렌터카 이용하기
- 자전거 빌리기
- 길 물어보기

전철 및 지하철 이용하기

일본은 전철(덴샤 電車) 및 지하철(치까떼쯔 地下鉄)이 주요 교통수단이다. 그래서 노선도(로센즈 路線図)가 복잡하지만 자동발매기(킵뿌 切符)에서 표를 끊고 전철, 지하철을 타는 방법은 우리나라와 비슷하다. 단, 전철에서 지하철로 갈아타는 경우에는 무료 환승(노리까에 乗り換え)이 되지 않아서 표를 다시 끊어야 하므로 충전식 교통카드인 스이카 카드나 파스모 카드를 구매하면 편리하다. 일본에는 속도에 따라 쾌속(카이소꾸 快速), 특급(톡뀨- 特急), 급행(큐-꼬- 急行), 보통(후쯔- 普通), 각역 정차(카꾸에끼 各駅)가 있다. 종류에 따라 정차하지 않는 역도 있으니 자신이 내릴 역을 잘 확인하고 타자.

전철
덴샤
電車
でんしゃ

지하철
치까떼쯔
地下鉄
ちかてつ

표
킵뿌
切符
きっぷ

노선도
로센즈
路線図
ろせんず

쾌속
카이소꾸
快速
かいそく

특급
톡뀨-
特急
とっきゅう

급행
큐-꼬-
急行
きゅうこう

보통
후쯔-
普通
ふつう

각역 정차
카꾸에끼
各駅
かくえき

환승
노리까에
乗り換え
の   か

입구
이리구찌
入口
いりぐち

출구
데구찌
出口
でぐち

기본 표현

💬 표는 어디에서 팝니까?

킵뿌와 도꼬데 웃떼마스까?

切符は どこで 売ってますか。
きっぷ　　　　　　　　う

💬 이 열차는 신주쿠로 갑니까?

코노 덴샤와 신쥬꾸니 이끼마스까?

この 電車は 新宿に 行きますか。
　　でんしゃ　しんじゅく　い

🔊 네, 갑니다.

하이, 이끼마스

はい、行きます。
　　　い

🔊 아니요, 가지 않습니다.

이-에, 이끼마셍

いいえ、行きません。
　　　　い

🔊 시부야 역에서 긴자 선으로 갈아타세요.

시부야데 긴자센니 노리까에떼 꾸다사이

渋谷で 銀座線に 乗り換えて ください。
しぶや　ぎんざせん　の　か

: 기본 표현

 020_mp3

🗣️ 긴자에는 무슨 선을 타고 갑니까?

긴자에와 나니센데 이꾼데스까?

銀座へは 何線で 行くんですか。
ぎんざ　　なにせん　い

👂 잠시 후 신주쿠 행 열차가 들어옵니다.

마모나꾸 신쥬꾸유끼노 덴샤가 마이리마스

まもなく、新宿行きの 電車が まいります。
しんじゅくゆ　でんしゃ

🗣️ 다음 역은 무슨 역입니까?

츠기와 난떼 유- 에끼데스까?

次は 何て いう 駅ですか。
つぎ　なん　　えき

🗣️ 어디에서 갈아탑니까?

도꼬데 노리까에룬데스까?

どこで 乗り換えるんですか。
の　か

👂 신주쿠 역에서 갈아타세요.

신쥬꾸데 노리까에떼 꾸다사이

新宿で 乗り換えて ください。
しんじゅく　の　か

:기본 표현

> 다음은 신주쿠, 신주쿠입니다.

츠기와 신쥬꾸, 신쥬꾸데스

次は 新宿、新宿です。
つぎ　しんじゅく　しんじゅく

> 도쿄 역은 아직인가요?

토-꾜-에끼와 마다데스까?

東京駅は まだですか。
とうきょうえき

> 이미 지나쳤어요.

토-리스기쨔이마시따요

通りすぎちゃいましたよ。
とお

> 아직입니다.

마다데스

まだです。

TIP

× 일본의 역 출입구 이름은 동서남북을 가리킨다.
- 동쪽 출구: 히가시구찌(東口, ひがしぐち)
- 서쪽 출구: 니시구찌(西口, にしぐち)
- 남쪽 출구: 미나미구찌(南口, みなみぐち)
- 북쪽 출구: 키타구찌(北口, きたぐち)

> 남쪽 출구는 어디입니까?

미나미구찌와 도꼬데스까?

南口は どこですか。
みなみぐち

버스 이용하기

일본은 전철이 발달되어 있어 우리나라만큼 버스(바스 バス)가 많지 않다. 버스를 이용하는 방법도 약간 다른데, 앞문으로 타는 버스는 요금함에 직접 돈을 넣고 거스름돈도 받을 수 있다. 뒷문으로 타는 버스는 탈 때 숫자가 표시되는 정리권(세-리껭 整理券)을 뽑고 내릴 때 전광판에 그 숫자에 해당하는 금액을 확인한 뒤 요금(료-낑 料金)을 낸다. 1일권을 판매하는 버스 회사도 있으니 버스를 이용할 때는 미리 알아보자. 또한 멀리 떨어진 도시를 갈 때는 저렴한 야간버스를 이용할 수 있다.

버스	버스정류장	버스터미널
바스 バス	**바스떼-** バス停 てい	**바스 따-미나루** バスターミナル

시내버스	시외버스	고속 버스
시나이바스 市内バス しない	**시가이바스** 市外バス しがい	**코-소꾸바스** 高速バス こうそく

정리권	요금	승차권
세-리껭 整理券 せいりけん	**료-낑** 料金 りょうきん	**죠-샤껭** 乗車券 じょうしゃけん

건너편	차가 출발함	정차
무꼬- 向こう む	**핫샤** 発車 はっしゃ	**테-샤** 停車 ていしゃ

:기본 표현

🔊 우에노에 가는 버스는 어디에서 출발합니까?

우에노에 이꾸 바스와 도꼬까라 데떼마스까?

上野へ 行く バスは どこから 出てますか。
うえの　　い　　　　　　　　　　　　　　で

🔊 다음 버스는 몇 시입니까?

츠기노 바스와 난지데스까?

次の バスは 何時ですか。
つぎ　　　　　　なんじ

🔊 요금은 얼마입니까?

료-낑와 이꾸라데스까?

料金は いくらですか。
りょうきん

🔊 210엔입니다.

니햐꾸 쥬-엔데스

２１０円です。
にひゃくじゅうえん

🔊 1일 승차권 주세요.

이찌니찌죠-샤껭오 쿠다사이

一日乗車券を ください。
いちにちじょうしゃけん

:기본 표현

🔊 이 버스는 우에노에 갑니까?

코노 바스와 우에노에 이끼마스까?

この バスは 上野へ 行きますか。

🔊 12번 버스를 타세요.

쥬-니반노 바스니 놋떼 꾸다사이

１２番の バスに 乗って ください。

🔊 건너편에서 타세요.

무꼬-데 놋떼 꾸다사이

向こうで 乗って ください。

🔊 도착하면 알려 주세요.

츠이따라 오시에떼 꾸다사이

着いたら 教えて ください。

🔊 다음에 내리세요.

츠기데 오리떼 꾸다사이

次で 降りて ください。

:기본 표현

🔊 차가 출발합니다.

핫샤시마스

発車します。
はっしゃ

💬 몇 시간 정도 걸립니까?

난지깡구라이 카까리마스까?

何時間ぐらい かかりますか。
なんじかん

🔊 15분간 정차하겠습니다.

쥬-고훙깐 테-샤시마스

１５分間 停車します。
じゅうごふんかん　ていしゃ

💬 오사카에는 몇 시에 도착합니까?

오-사까니와 난지니 츠끼마스까?

大阪には 何時に 着きますか。
おおさか　なんじ　つ

🔊 7시쯤 도착합니다.

시찌지고로 츠끼마스

七時ごろ 着きます。
しちじ　つ

✚ 플러스 표현

025_mp3

오사카에는 몇 시에 도착합니까?

오-사까니와 난지니 츠끼마스까?

大阪には 何時に 着きますか。
おおさか　　なんじ　　　つ

이찌지 一時 1시
いちじ

니지 二時 2시
にじ

산지 三時 3시
さんじ

요지 四時 4시
よじ

고지 五時 5시
ごじ

로꾸지 六時 6시
ろくじ

시찌지 七時 7시
しちじ

하찌지 八時 8시
はちじ

쿠지 九時 9시
くじ

쥬-지 十時 10시
じゅうじ

쥬-이찌지 十一時 11시
じゅういちじ

쥬-니지 十二時 12시
じゅうにじ

고로 츠끼마스
ごろ 着きます。
　　つ
쯤에 도착합니다.

택시 이용하기

목적지까지 헤매지 않고 도착하려면 택시 기사(운뗀슈상 運転手さん)에게 주소(쥬-쇼 住所)를 적은 종이나 지도를 보여주는 게 가장 좋은 방법이다. 일본의 택시 문은 자동으로 열고 닫히기 때문에 손을 댈 필요가 없다. 특히 내릴 때 습관적으로 문을 닫지 않도록 조심하자.

택시 **타크시-** タクシー	택시승강장 **타크시-노리바** タクシー乗り場	운전기사님 **운뗀슈상** 運転手さん
트렁크 **토랑꾸** トランク	이~ **코노** この	호텔 **호떼루** ホテル
주소 **쥬-쇼** 住所	거스름돈 **오쯔리** おつり	저기 **아소꼬** あそこ

:기본 표현

🗣️ 택시를 불러 주세요.

타크시-오 욘데 꾸다사이

タクシーを 呼んで ください。

🗣️ 트렁크를 열어 주세요.

토랑꾸오 아께떼 꾸다사이

トランクを 開けて ください。

👂 어디까지 가십니까?

도찌라에 이까레마스까?

どちらへ 行かれますか。

🗣️ 이 호텔까지 부탁합니다.

코노 호떼루마데 오네가이시마스

この ホテルまで お願いします。

🗣️ 이 주소로 가 주세요.

코노 쥬-쇼니 잇떼 꾸다사이

この 住所に 行って ください。

:기본 표현

💬 급합니다.

이소이데룬데스

急いでるんです。
いそ

💬 저기에서 세워 주세요.

아소꼬데 토메떼 꾸다사이

あそこで 止めて ください。
と

💬 얼마입니까?

이꾸라데스까?

いくらですか。

🎧 1300엔입니다.

셴 삼뱌꾸엔데스

1300円です。
せんさんびゃくえん

TIP

✕ 얼마?
- 1000엔: 셍엔 (千円, せんえん)
- 2000엔: 니셍엔 (二千円, にせんえん)
- 3000엔: 산젱엔 (三千円, さんぜんえん)
- 4000엔: 욘셍엔 (四千円, よんせんえん)
- 5000엔: 고셍엔 (五千円, ごせんえん)
- 만 엔: 이찌망엔 (一万円, いちまんえん)

💬 잔돈은 괜찮습니다.

오쯔리와 켁꼬-데스

おつりは けっこうです。

:기본 표현

 028_mp3

어디까지 가십니까?
도찌라에 이까레마스까?
どちらへ 行かれますか。

쿠-꼬-
空港 공항

데빠-또
デパート 백화점

코노 호떼루
この ホテル 이 호텔

코노 쥬-쇼
この 住所 이 주소

코노 레스또랑
この レストラン
이 레스토랑

마데 오네가이시마스
まで お願いします
~까지 부탁합니다

니 잇떼 꾸다사이
に 行って ください
~로 가 주세요

렌터카 이용하기

출국 전에 예약해 두면 편리하지만, 일본 공항에서도 면허증(멩꾜쇼- 免許証)만 있으면 바로 이용 가능하다. 일본에서 렌터카(렌따카- レンタカー)를 이용할 계획이라면 국제면허증을 미리 발급 받아 놓자. 일본은 우리와 차선이 반대 방향이어서 헷갈리기 쉬우니 사고를 내지 않도록 주의한다. 운전 중 일어날 수 있는 사고에 대비해 몇 가지 표현을 익혀두자.

자동차	면허증	여권
쿠루마 車 くるま	**멩꾜쇼-** 免許証 めんきょしょう	**파스뽀-또** パスポート

보험	차를 반납함	어린이용 시트
호껭 保険 ほけん	**헨샤** 返車 へんしゃ	**챠이루도시-또** チャイルドシート

주유소	(기름을) 가득 채움	주차
가소린스딴도 ガソリンスタンド	**만땅** 満タン まん	**츄-샤** 駐車 ちゅうしゃ

견인차	일시 정지	통행 금지
렉까-샤 レッカー車 しゃ	**토마레** 止まれ と	**츠-꼬-낀시** 通行禁止 つうこうきんし

: 기본 표현

🔊 자동차를 빌리고 싶은데요.

쿠루마오 카리따인-데스께도

車を 借りたいんですけど。

🔊 어떤 자동차로 하시겠습니까?

돈나 쿠루마니 나사이마스까?

どんな 車に なさいますか。

🔊 자동 변속 차량 부탁합니다.

오-또마샤 오네가이시마스

オートマ車 お願いします。

TIP
× '오-토마샤'는「오-또마칙꾸샤(オートマチック車)」의 줄임말이다. 수동 차량은「마뉴아루샤(マニュアル車)」라고 한다.

🔊 여권과 면허증을 보여 주세요.

파스뽀-또또 멩꾜쇼-오 미세떼 꾸다사이

パスポートと 免許証を 見せて ください。

🔊 보험은 전부 들어 주세요.

호껭와 젬부 카께떼 꾸다사이

保険は 全部 かけて ください。

:기본 표현

🔊 도착지에서 반납해도 되나요?

노리스떼와 데끼마스까?

乗り捨ては できますか。

TIP

× 「노리스떼(乗り捨て)」란 차를 대여한 지점이 아닌 다른 지점에서 반납하는 서비스를 말한다. 공항, 다른 도시 등 도착지에서 차를 빌린 곳으로 되돌아오지 않고 반납하는 경우에 주로 이용하는 서비스이기 때문에 '원웨이(one-way)' 즉, '완웨이(ワンウェイ)'라고도 한다.

🔊 도착지 반납 요금은 별도인가요?

노리스떼료-낑와 베쯔데스까?

乗り捨て料金は 別ですか。

🔊 자동차 반납은 몇 시까지인가요?

헨샤와 난지마데데스까?

返車は 何時までですか。

🔊 유아용 카시트가 필요합니다.

챠이루도시-또가 호시인데스께도

チャイルドシートが ほしいんですけど。

🔊 차를 돌려드리겠습니다.

쿠루마오 카에시마스

車を 返します。

:기본 표현

🗣 (주유소에서) 가득 넣어 주세요.

만딴니 시떼 꾸다사이

満タンに して ください。
まん

🗣 여기에 주차해도 되나요?

코꼬니 츄-샤시떼모 이이데스까?

ここに 駐車しても いいですか。
ちゅうしゃ

🗣 주차 티켓을 잃어버렸어요.

츄-샤치껫또오 나꾸시떼 시마이마시따

駐車チケットを なくして しまいました。
ちゅうしゃ

🗣 차가 고장 났습니다.

쿠루마가 코쇼-시마시따

車が 故障しました。
くるま こしょう

🗣 견인차를 불러 주세요.

렉까-샤오 욘데 꾸다사이

レッカー車を 呼んで ください。
しゃ よ

자전거 빌리기

현지 풍경을 온몸으로 느끼고 싶다면 자전거(지뗀샤 自転車)를 이용하자. 자전거는 게스트하우스, 렌탈샵, 안내소 같은 곳에서 빌릴 수 있다. 하루 대여료(렌따루료-낑 レンタル料金)는 적게는 100엔부터 많게는 4,000엔까지, 지역이나 가게에 따라 차이가 있다. 한국어 렌탈 신청서를 받더라도 영어나 일본어로 기입해야 한다. 또한 신분증을 확인하니 여권을 미리 준비해 놓자.

자전거
지뗀샤
自転車
じ てんしゃ

렌탈 자전거 (자전거 빌려주는 곳)
렌따사이꾸루
レンタサイクル

대여료
렌따루료-낑
レンタル料金
りょうきん

하루
이찌니찌
一日
いちにち

신분증
미분쇼-메-쇼
身分証明書
み ぶんしょうめいしょ

반납
헹꺄꾸
返却
へんきゃく

:기본 표현

🔊 여기에 자전거 빌려주는 곳이 있나요?

코꼬니 렌따사이꾸루와 아리마스까?

ここに レンタサイクルは ありますか。

🔊 자전거를 빌리고 싶은데요.

지뗀샤오 카리따인데스께도

自転車を 借りたいんですけど。

🔊 하루에 얼마예요?

이찌니찌 이꾸라데스까?

一日 いくらですか。

🔊 몇 시까지 반납할까요?

헹꺄꾸와 난지마데데스까?

返却は 何時までですか。

🔊 오후 6시까지는 돌아와 주세요.

고고 로꾸지마데니와 오모도리 꾸다사이

午後 六時までには お戻り ください。

길 물어보기

길을 헤맬 때 일본어를 모른다고 당황하지 말고 지나가는 사람에게 지도(치즈 地図)를 보여주며 길을 물어보면 된다. 이때 근처에 가게나 파출소(코-방 交番)가 있다면 들어가서 물어보자. 더 정확한 안내를 받을 수 있다.

길	어느 쪽, 어디	오른쪽
미찌 道 みち	**도찌라** どちら	**미기** 右 みぎ

왼쪽	앞	뒤
히다리 左 ひだり	**마에** 前 まえ	**우시로** 後ろ うし

옆	모퉁이	교차로
토나리 となり	**카도** 角 かど	**코-사뗑** 交差点 こうさてん

지도	곧장	파출소
치즈 地図 ちず	**맛스구** まっすぐ	**코-방** 交番 こうばん

:기본 표현

💬 저기요, 실례합니다.

스미마셍
すみません。

💬 길 좀 알려주시겠어요?

미찌오 오시에떼 모라에마스까?
道を 教えて もらえますか。

💬 역은 어디입니까?

에끼와 도꼬데스까?
駅は どこですか。

💬 이쪽입니다.

콧찌데스
こっちです。

TIP
× 방향
- 그쪽: 솟찌(そっち)
- 저쪽: 앗찌(あっち)

💬 이 주소를 찾고 있습니다.

코노 쥬-쇼오 사가시떼 이룬데스께도
この 住所を 探して いるんですけど。

:기본 표현

> 여기는 이 지도에서 어디입니까?

코꼬와 코노 치즈노 도꼬데쇼-까?
ここは この 地図の どこでしょうか。

> 백화점 앞입니다.

데빠-또노 마에데스
デパートの 前です。

TIP
× 위치
- 뒤: 우시로(後ろ, うしろ)
- 옆: 토나리(隣, となり)
- 맞은편: 무꼬-(向こう, むこう)

> 걸어서 갈 수 있습니까?

아루이떼 이께마스까?
歩いて いけますか。

> 곧장 가나요?

맛스구 이꾼데스까?
まっすぐ 行くんですか。

TIP
× 왼쪽: 히다리(左, ひだり)

> 편의점에서 오른쪽으로 도세요.

콤비니노 카도오 미기니 마갓떼 꾸다사이
コンビニの 角を 右に 曲がって ください。

:기본 표현

🎧 길을 건너세요.

미찌오 와땃떼 꾸다사이

道を わたって ください。
みち

🎧 고맙습니다.

아리가또- 고자이마스

ありがとう ございます。

오사카에 가면

오사카 성
오-사까죠- | 大阪城
おおさかじょう

덴포잔 대관람차
템뽀-잔 다이깐란샤
天保山 大観覧車
てんぽうざん だいかんらんしゃ

다코야키(문어빵)
타꼬야끼 | たこ焼き
や

✚ 플러스 표현

에끼
駅 역
えき

바스떼-
バス停 버스정류장
　　てい

타크시-노리바
タクシー乗り場 택시승강장
　　　　の　ば

츄-샤죠-
駐車場 주차장
ちゅうしゃじょう

콤비니
コンビニ 편의점

데빠-또
デパート 백화점

하꾸부츠깡
博物館 박물관
はくぶつかん

비쥬츠깡
美術館 미술관
び じゅつかん

코-엥
公園 공원
こうえん

코-방
交番 파출소
こうばん

와 도꼬데스까?
は どこですか。
~은/는 어디입니까?

쉬어가기

🟠 스이카와 파스모

자유여행시에 꼭 필요한 스이카 카드와 파스모 카드! 우리나라의 교통카드와 같은 충전 방식의 IC카드이며 일일이 표를 구입하지 않아도 되고 교통비도 약간씩 할인된다. 두 카드는 다음과 같은 차이가 있다.

	스이카	파스모
구입처	JR전철역	도쿄 메트로 역
보증금	500엔	
충전금액	1,000엔 단위	
이용 가능 교통 수단	지하철, 전철, 버스 등	
편의점 사용 가능 여부	가능함	
잔액 환불 장소	JR 각 역 창구	게이세이, 게이큐, 도쿄 메트로, 도에이 창구
잔액 환불 수수료	있음	없음

🔵 교통카드 충전 방법

1 먼저 카드를 넣는다.
2 충전금액을 선택하고 돈을 투입한다.
   충전은 500엔부터 10,000엔까지 가능하다.
3 카드와 잔돈을 꼭 챙긴다.

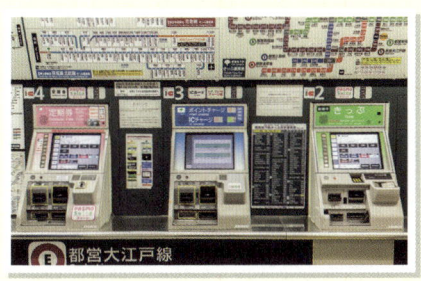

🟢 스이카 잔액 환불 시스템

잔액을 전부 환불 받을 수 있는 파스모와 달리 스이카는 보증금을 돌려받을 때 잔액이 있으면 수수료 명목으로 220엔을 내야 한다. 예를 들어 300엔 남은 경우 환불 받을 수 있는 금액은 220엔을 뺀 80엔이다. 220엔 이하로 남은 경우는 환불 받지 못하므로 되도록 잔액을 0엔으로 맞추는 게 좋다. 그래서 돈이 애매하게 부족하면 정산기를 이용해서 나머지를 내고, 돈이 애매하게 남으면 편의점에서 사용하여 잔액을 0엔으로 만드는 방법이 있다. 여행의 마지막 교통수단을 고려하여 두 카드 중 하나를 구입하자.

호텔

- 체크인: 예약했을 때
- 체크인: 예약을 안 했을 때
- 호텔 시설 이용하기
- 방에 문제가 생겼을 때
- 체크아웃하기

체크인: 예약했을 때

호텔에 도착하면 프런트(후론또 フロント)에 여권과 호텔 바우처를 제시하고 안내를 받는다. 체크인 시간보다 일찍 도착했을 경우 짐(니모쯔 荷物)을 맡아주므로 활용하자. 프런트에서는 근처 식당이나 관광명소를 소개 받을 수도 있다.

체크인	체크아웃	손님
쳌꾸잉 チェックイン	**쳌꾸아우또** チェックアウト	**오꺄크사마** お客さま

예약	프런트	이름
요야꾸 予約	**후론또** フロント	**나마에** 名前

숙박 카드	기입	방
슈꾸하크까-도 宿泊カード	**키뉴-** 記入	**(오)헤야** (お)部屋

~호실	아침 식사, 조식	열쇠
고-시쯔 ~号室	**쵸-쇼꾸** 朝食	**카기 / 키-** かぎ / キー

기본 표현

📢 037_mp3

🗣 체크인 부탁합니다.

첵꾸잉 오네가이시마스

チェックイン お願いします。

🗣 예약했습니다.

요야크시마시따

予約しました。

🗣 이름은 한유나입니다.

나마에와 항유나데스

名前は ハン・ユナです。

🗣 숙박 카드를 써 주세요.

슈꾸하크까-도니 고끼뉴- 꾸다사이

宿泊カードに ご記入 ください。

🗣 어디에 씁니까?

도꼬니 카꾼데스까?

どこに 書くんですか。

79

기본 표현

🗣️ 이렇게 하면 됩니까?

코레데 이이데스까?

これで いいですか。

🗣️ 손님 방은 503호실입니다.

오꺄크사마노 오헤야와 고-마루 상고-시쯔데스

お客様の お部屋は 503号室です。

🗣️ 여기, 열쇠입니다.

코찌라와 카기데스

こちらは かぎです。

> **TIP**
> ✕ **숫자(번호 말하기)**
> - 0: 마루 (まる) 제로 (ゼロ)
> - 1: 이치 (一, いち)
> - 2: 니- (二, に)
> - 3: 상 (三, さん)
> - 4: 용 (四, よん)
> - 5: 고- (五, ご)
> - 6: 로꾸 (六, ろく)
> - 7: 나나 (七, なな)
> - 8: 하치 (八, はち)
> - 9: 큐 (九, きゅう)
>
> 번호를 말할 때는 2와 5도 길게 발음합니다.

🗣️ 안내 부탁합니다.

안나이 오네가이시마스

案内 お願いします。

🗣️ 짐을 맡아 줄 수 있어요?

니모쯔오 아즈깟떼 모라에마스까?

荷物を 預かって もらえますか。

:기본 표현

🗣 짐은 이것뿐입니다.

니모쯔와 코레다께데스

荷物は これだけです。
に もつ

🗣 짐을 옮겨 주세요.

니모쯔오 하꼰데 꾸다사이

荷物を 運んで ください。
に もつ　 はこ

🗣 아침 식사는 몇 시부터입니까?

쵸-쇼꾸와 난지까라데스까?

朝食は 何時からですか。
ちょうしょく　なんじ

🗣 7시 반부터 10시까지입니다.

시치지항까라 쥬-지마데데스

七時半から 十時までです。
しちじはん　　 じゅうじ

🗣 체크아웃은 몇 시예요?

첵꾸아우또와 난지데스까?

チェックアウトは 何時ですか。
なんじ

체크인: 예약을 안 했을 때

마음에 드는 호텔에 들어가서 빈 방(아이떼 이루 헤야 空いて いる 部屋)이 있는지 어떤 조건의 방을 원하는지 얘기하고 꼼꼼히 확인한 후에 투숙한다. 금연실(킹엔루-무 禁煙ルーム)을 특별히 지정하지 않을 경우 담배 냄새가 풍기는 방을 받을 수도 있으니 비흡연자는 꼭 확인해야 한다.

1박
입빠크
一泊
いっぱく

빈 방
아이떼 이루 헤야
空いて いる 部屋
あ　　　　　へや

금연실
킹엔루-무
禁煙ルーム
きんえん

흡연실
키쯔엔루-무
喫煙ルーム
きつえん

일본식 다다미방
와시쯔
和室
わしつ

서양식 방
요-시쯔
洋室
ようしつ

1인실
싱구루루-무
シングルルーム

2인실
다부루루-무
ダブルルーム

트윈룸
츠인루-무
ツインルーム

지불
오시하라이
お支払い
しはら

경치
케시끼
景色
けしき

추가 침대
에끼스또라 벳도
エキストラベッド

:기본 표현

🗨️ 빈 방 있어요?

아이떼 이루 헤야와 아리마스까?

空いて いる 部屋は ありますか。

🗨️ 1박 하려고요.

입빠크시마스

一泊します。

TIP
× 2박: 니하꾸(二泊, にはく)
3박: 삼-빠꾸(三泊, さんぱく)
4박: 용-하꾸(四泊, よんはく)

🗨️ 금연실 부탁합니다.

킹엔루-무오 오네가이시마스

禁煙ルームを お願いします。

🗨️ 다른 방을 보여 주세요.

호까노 헤야오 미세떼 꾸다사이

他の 部屋を 見せて ください。

🗨️ 더 깨끗한 방 없어요?

못또 키레-나 헤야와 아리마셍까?

もっと きれいな 部屋は ありませんか。

:기본 표현

 041_mp3

🗣️ 싱글 침대로 주세요.

싱구루벳도니 시떼 꾸다사이

シングルベッドに して ください。

> **TIP**
> ✗ **침대 종류**
> • 싱글 침대: 싱구루벳도
>   (シングルベッド)
> • 트윈 침대: 츠인벳도
>   (ツインベッド)
> • 더블 침대: 다부루벳도
>   (ダブルベッド)

🗣️ 조식은 포함인가요?

쵸-쇼꾸와 츠끼마스까?

朝食は 付きますか。

🗣️ 계산은 어떻게 하시겠습니까?

오시하라이와 도노요-니 나사이마스까?

お支払いは どのように なさいますか。

🗣️ 현금으로 할게요.

겡낀니 시마스

現金に します。

플러스 표현

첵꾸잉
チェックイン 체크인

첵꾸아우또
チェックアウト 체크아웃

싱구루루-무
シングルルーム 1인실

다부루루-무
ダブルルーム 2인실

츠인루-무
ツインルーム 트윈룸

와시쯔
和室 일본식 다다미방

요-시쯔
洋室 서양식방

케시끼노 이이 헤야
景色の いい 部屋
경치가 좋은 방

시즈까나 헤야
静かな 部屋 조용한 방

에끼스또라벳도
エキストラベッド
추가 침대

오 오네가이시마스
を お願いします
~을 부탁합니다

호텔 시설 이용하기

일본은 호텔 내에 빨래방(코인란도리- コインランドリー)이 많이 설치되어 있다. 세탁을 해야할 때는 빨래방을 이용하자. 호텔에 따라 클리닝 서비스(쿠리-닝구사-비스 クリーニングサービス)를 해주는 곳도 있다. 귀중품은 객실 내 금고에 넣어두는 게 안전하다. 호텔의 무료 서비스는 잘 활용하되 이용 규칙을 준수하자. 특히 객실 내 냄새나는 음식물 섭취는 삼가하는 게 좋다.

룸서비스
루-무사-비스
ルームサービス

인터넷
인따-넷또
インターネット

와이파이
와이화이
ワイファイ

비밀번호
파스와-도
パスワード

헬스장
지무
ジム

사우나
사우나
サウナ

수영장
푸-루
プール

수건
타오루
タオル

무료
무료-
無料
むりょう

모닝콜
모-닝구꼬-루
モーニングコール

빨래방
코인란도리-
コインランドリー

클리닝 서비스
쿠리-닝구 사-비스
クリーニングサービス

기본 표현

● 룸서비스 부탁합니다.

루-무사-비스 오네가이시마스

ルームサービス お願いします。

● 빨리 좀 부탁합니다.

이소이데 꾸다사이

急いで ください。

● 인터넷은 어디에서 쓸 수 있나요?

인따-넷또와 도꼬데 츠까에마스까?

インターネットは どこで 使えますか。

● 방에서 와이파이 가능한가요?

헤야데 와이화이 데끼마스까?

部屋で ワイファイ できますか。

● 와이파이 비밀번호 뭐예요?

와이화이노 파스와-도와 난데스까?

ワイファイの パスワードは 何ですか。

:기본 표현

🔊 044_mp3

🗣️ 헬스장은 어디에 있어요?

지무와 도꼬니 아리마스까?

ジムは どこに ありますか。

🗣️ 사우나는 언제 사용할 수 있어요?

사우나와 이쯔 츠까에마스까?

サウナは いつ 使(つか)えますか。

🗣️ 예약이 필요한가요?

요야꾸와 히쯔요-데스까?

予約(よやく)は 必要(ひつよう)ですか。

🗣️ 사우나는 할인이 됩니까?

사우나와 와리비끼가 키끼마스까?

サウナは 割引(わりびき)が ききますか。

🗣️ 수영장 이용료는 얼마입니까?

푸-루노 리요-료-낑와 이꾸라데스까?

プールの 利用料金(りようりょうきん)は いくらですか。

:기본 표현

🎧 045_mp3

📢 6시에 모닝콜을 받을 수 있습니까?

로꾸지니 모-닝구꼬-루오 모라에마스까?

6時に モーニングコールを もらえますか。
ろくじ

📢 클리닝 서비스는 있습니까?

쿠리-닝구사-비스와 아리마스까?

クリーニングサービスは ありますか。

🍂 잠깐!

▲ 나가사키에 가면

하우스텐보스
하우스뗌보스
ハウステンボス

나가사키 짬뽕
나가사키쨘뽕
長崎ちゃんぽん
ながさき

랜턴 페스티벌(음력설)
란땅훼스띠바루
ランタンフェスティバル

방에 문제가 생겼을 때

더운물(오유 お湯)이 안 나온다거나 방 열쇠(키- キー)를 잃어버렸다거나 하는 돌발 상황이 생기면 바로 프런트에 말해야 한다.

잠깐	더운물	물
춋또 ちょっと	**오유** お湯(ゆ)	**미즈** 水(みず)

방 번호	화장실	에어컨
헤야방고- 部屋番号(へやばんごう)	**토이레** トイレ	**쿠-라-** クーラー

난방	시트	옆방
담보- 暖房(だんぼう)	**시-쯔** シーツ	**토나리노 헤야** となりの 部屋(へや)

전구	비상약	텔레비전
뎅뀨- 電球(でんきゅう)	**죠-비야꾸** 常備薬(じょうびやく)	**테레비** テレビ

:기본 표현

🔊 잠깐 와 주세요.

춋또 키떼 꾸다사이

ちょっと 来て ください。

🔊 더운 물이 안 나옵니다.

오유가 데마셍

お湯が 出ません。

🔊 에어컨이 고장났습니다.

쿠-라-가 코쇼-시떼 이마스

クーラーが 故障して います。

🔊 난방이 되지 않습니다.

담보-가 키끼마셍

暖房が ききません。

🔊 방이 너무 춥습니다.

헤야가 사무스기마스

部屋が 寒すぎます。

TIP
× 더울 때는 '아쯔스기마스(あつすぎます)'라고 한다.

:기본 표현

🔊 방 번호를 잊어버렸습니다.

헤야방고-오 와스레마시따

部屋番号を 忘れました。

🔊 열쇠를 잃어버렸습니다.

카기오 나크시마시따

かぎを なくしました。

🔊 방에 열쇠를 두고 나왔습니다.

헤야니 카기오 오끼와스레마시따

部屋に かぎを 置き忘れました。

🔊 옆방이 시끄럽습니다.

토나리노 헤야가 우루사이데스

となりの 部屋が うるさいです。

🔊 방을 바꿔 주세요.

헤야오 카에떼 꾸다사이

部屋を 替えて ください。

:기본 표현

🔊 화장실 물이 안 내려갑니다.

토이레노 미즈가 나가레마셍

トイレの 水が 流れません。

🔊 화장실이 막혔습니다.

토이레가 츠맛떼 시마이마시따

トイレが 詰まって しまいました。

🔊 시트가 더럽습니다.

시-쯔가 요고레떼 이마스

シーツが 汚れて います。

🔊 텔레비전이 켜지지 않습니다.

테레비가 우쯔리마셍

テレビが 映りません。

🔊 전구가 나갔습니다.

뎅뀨-가 키레떼 이마스

電球が 切れて います。

체크아웃하기

체크아웃(첵꾸아우또 チェックアウト) 시 정산할 때 잘못 청구된 요금이 없는지 영수증(레시-또 レシート)을 잘 확인한다. 업무 출장일 경우에는 회사 제출용으로 영수증(료-슈-쇼 領収書)이나 명세서(메-사이쇼 明細書)를 요청하면 된다. 일본은 팁 문화가 없다는 것도 참고하자. 체크아웃을 하고난 뒤에도 필요하면 짐을 맡겨둘 수 있다.

> **TIP**
>
> ✗ 영수증
>
> 요금을 계산한 후에는 보통 영수증(레시-또, レシート)을 받지만 업무 경비로 처리하려면 영수증(료-슈-쇼, 領収書)을 받아야 한다. 단 영수증(료-슈-쇼, 領収書)에는 사용한 총 금액만을 회사 이름 앞으로 써 주기 때문에 명세서를 따로 요청할 수 있다.

체크아웃	계산	영수증
첵꾸아우또 チェックアウ	**카이께-** 会計 かいけい	**레시-또** レシート

영수증	명세서	요금
료-슈-쇼 領収書 りょうしゅうしょ	**메-사이쇼** 明細書 めいさいしょ	**료-낑** 料金 りょうきん

서류에 적는 수신인명	택시	놓고 온 물건
아떼나 宛名 あてな	**타크시-** タクシー	**와스레모노** 忘れ物 わす　もの

:기본 표현

💬 체크아웃 부탁합니다.

첵꾸아우또 오네가이시마스

チェックアウト お願いします。

💬 영수증 주세요

료-슈-쇼 오네가이시마스

領収書 お願いします。

💬 (영수증 혹은 명세서 발급시) 어느 분 이름으로 할까요?

오아떼나와 도- 나사이마스까?

お宛名は どう なさいますか。

💬 택시를 불러 주세요.

타크시-오 욘데 꾸다사이

タクシーを 呼んで ください。

💬 방에 놓고 온 물건이 있습니다.

헤야니 와스레모노오 시마시따

部屋に 忘れ物を しました。

 쉬어가기

도시별 주요 마쓰리

마쓰리(祭)는 원래 신사나 절에서 신에게 제사를 지내는 종교의식을 뜻하나 최근에는 지역 풍습을 이어가는 축제로서의 의미가 더 강해졌다. 지역별로 연중 다양한 내용의 마쓰리가 이어지고 있는데, 그중 일본 3대 마쓰리인 도쿄 간다 마쓰리, 교토 기온 마쓰리, 오사카 텐진 마쓰리와 얼음 축제로 유명한 홋카이도 삿뽀로의 유키 마쓰리를 살펴 보자.

교토

기온 마쓰리
祇園祭 ぎおんまつり

7월 한달 내내 열리는 일본에서 가장 긴 마쓰리이다. 9세기 무렵에 전염병으로 죽은 사람들의 영혼을 달래고 악귀를 물리치기 위해 시작되었다고 한다. 교토의 기온 지역에서 열리며 전야제인 요이야마(宵山)와 야마보코(山鉾) 순행이라고 불리는 20m가 넘는 호화로운 장식의 가마 행차가 하이라이트이다.

오사카

텐진 마쓰리
天神祭 てんじんまつり

오사카 텐만구(天満宮) 신사에서 열리는 선상 마쓰리. 역모 죄로 억울하게 죽은 스가와라노 미치자네(菅原道真)를 기리기 위해 카미보코(神鉾)라는 창을 강가에서 떠내려 보내고 그 창이 도착한 곳에서 제사를 지내는 데에서 시작되었다. 수많은 등불이 강변을 밝히고 수백 척의 배들이 오카와 강을 왕래하는 때, 이 축제의 감동과 낭만이 정점을 찍는다.

삿포로

유키 마쓰리
雪祭

홋카이도 삿포로에서 열리는 최대의 겨울 축제. 국제 눈 조각 경연대회와 얼음 조각 경연대회, 눈의 여왕 선발대회 등 아름답고 진기한 축제의 장이 열린다.

도쿄

간다 마쓰리
神田祭

5월에 도쿄의 간다 신사에서 열리는 마쯔리. 막부의 초대 쇼군이었던 도쿠가와 이에야스(德川家康)의 세키가하라(関ヶ原) 전투 승리를 기념하는 축제에서 비롯되었다. 미코시(神輿)라는 가마를 지고 니혼바시(日本橋), 오테마치(大手町), 마루노우치(丸の内)와 같은 도쿄 중심부 지역을 가로지르는 행진이 볼거리다.

Unit 4

식당

- 예약하기
- 식당에 들어가기
- 주문하기
- 문제가 생겼을 때
- 계산하기
- 패스트푸드점에서
- 술집에서
- 초밥집에서
- 라면집에서
- 카페에서

예약하기

호텔 컨시어지 서비스나 이메일을 통해 예약(요야꾸 予約)을 하면 편리하다. 하지만 직접 전화를 걸어 예약을 하더라도 예상 가능한 질문과 답변을 메모해서 전화를 걸면 당황스럽지 않다. 메모에는 날짜 및 시간, 인원, 예약자 이름 순으로 적으면 된다.

> **TIP**
>
> × **호텔 컨시어지 서비스**
> 호텔 투숙객의 각종 문의사항과 요구사항에 응대하는 서비스이다. 고객의 요청에 따라 교통편, 식당 등을 예약해 주기도 하고 관광지, 쇼핑 등 고객이 원하는 정보를 제공한다.

예약	이름, 성함	오늘 저녁
요야꾸 予約 (よやく)	**오나마에** お名前 (なまえ)	**콩야** 今夜 (こんや)

몇 분	금연석	흡연석
남메-사마 何名様 (なんめいさま)	**킹엔세끼** 禁煙席 (きんえんせき)	**키쯔엔세끼** 喫煙席 (きつえんせき)

테이블	취소	변경
테-부루 テーブル	**캰세루** キャンセル	**헹꼬-** 変更 (へんこう)

:기본 표현

🎧 여보세요

모시모시
もしもし。

💬 오늘 저녁 7시에 예약하고 싶습니다.

콩야 시찌지니 요야꾸시따인데스께도
今夜 7時に 予約したいんですけど。
こんや しちじ よやく

🎧 몇 분이십니까?

남메-사마데스까?
何名様ですか。
なんめいさま

💬 4명입니다.

요닌데스
四人です。
よにん

TIP
× 흡연석은 '키쯔엔세끼(喫煙席)'라고 한다. 지자체에 따라 식당 내 흡연이 불가능한 곳이 늘어나는 추세이다.

💬 금연석으로 부탁합니다.

킹엔세끼데 오네가이시마스
禁煙席で お願いします。
きんえんせき ねが

:기본 표현

🦻 성함을 말씀해 주세요.

오나마에오 오시에떼 꾸다사이

お名前を 教えて ください。

📢 한유나입니다.

항유나데스

ハン・ユナです。

🦻 예약되었습니다.

요야꾸데끼마시따

予約できました。

📢 예약을 취소하고 싶은데요.

요야꾸오 캰세루시따인데스께도

予約を キャンセルしたいんですけど。

📢 예약을 변경하고 싶은데요.

요야꾸오 헹꼬-시따인데스께도

予約を 変更したいんですけど。

✦ 플러스 표현

몇 분이십니까?

남메-사마데스까?
何名様ですか。
なんめいさま

히또리 一人 한 명
ひとり

후따리 二人 두 명
ふたり

산닌 三人 세 명
さんにん

요닌 四人 네 명
よ にん

고닌 五人 다섯 명
ご にん

로꾸닌 六人 여섯 명
ろくにん

나나닌 七人 일곱 명
ななにん

하찌닌 八人 여덟 명
はちにん

큐-닌 九人 아홉 명
きゅうにん

쥬-닌 十人 열 명
じゅうにん

데스
です ~입니다

식당에 들어가기

식당에 들어가면 빈 자리에 바로 앉지 말고 입구(이리구찌 入り口)에서 안내(안나이 案内)를 기다려야 한다. 금연석(킹엔세끼 禁煙席)이나 창가(마도기와 窓際) 자리처럼 원하는 테이블(테-부루 テーブル)이 있으면 요청하면 된다. 줄을 서서 기다려야 하는 맛집인 경우 대기 시간도 물어보자.

이쪽 **코찌라** こちら	오세요, 드세요 **도-조** どうぞ	만석 **만세끼** 満席 まんせき
안내 **안나이** 案内 あんない	창가 **마도기와** 窓際 まどぎわ	대기 시간 **마찌지깡** 待ち時間 ま じかん
어느 정도 **도레구라이** どれぐらい	~정도 **호도** ほど	아동용 의자 **코도모요-노 이스** 子ども用の いす こ よう

:기본 표현

🎧 어서 오세요

이랏샤이마세
いらっしゃいませ。

🎧 예약하셨나요?

요야꾸나사이마시따까?
予約なさいましたか。

🗣 예약했습니다.

요야크시마시따
予約しました。

🎧 이름을 알려 주세요.

오나마에오 이따다께마스까?
お名前を いただけますか。

🗣 이쪽으로 오세요.

코찌라에 도-조
こちらへ どうぞ。

:기본 표현

054_mp3

🗣)) 예약하지 않았습니다.

요야꾸시떼 이마셍

予約して いません。
よやく

🎧« 몇 분이십니까?

남메-사마데스까?

何名さまですか。
なんめい

🗣)) 두 사람입니다.

후따리데스

二人です。
ふたり

🗣)) 창가 자리 있습니까?

마도기와노 테-부루와 아리마스까?

窓際の テーブルは ありますか。
まどぎわ

🎧« 죄송하지만 지금 만석입니다.

스미마셍가 타다이마 만세끼데스

すみませんが、ただいま 満席です。
まんせき

:기본 표현

얼마나 기다려야 합니까?
마찌지깡와 도레구라이데스까?
待ち時間は どれぐらいですか。

20분 정도입니다.
니쥽뿡호도니 나리마스
二十分ほどに なります。

그러면 기다리겠습니다.
쟈 마찌마스
じゃ、待ちます。

그러면 다음에 오겠습니다.
소레쟈 마따 콘도 키마스
それじゃ、また 今度 来ます。

어린이용 의자가 있습니까?
코도모요-노 이스와 아리마스까?
子ども用の いすは ありますか。

주문하기

대개 음료(노미모노 飲み物) 주문(츄-몽- 注文)을 먼저 받지만 음료를 주문하고 싶지 않을 때는 찬 물(오미즈 お水)을 달라고 하면 된다. 대체로 메뉴판에 음식 사진이 잘 나와 있어서 쉽게 식사를 주문할 수 있다. 특별히 먹고 싶은 메뉴가 없을 경우에는 주방장의 추천 요리(오스스메 お勧め)나 오늘의 요리(히가와리료-리 日替わり料理)를 시키면 실패 확률이 적다.

주문	메뉴	음료
츄-몽 注文 ちゅうもん	**메뉴-** メニュー	**노미모노** 飲み物 の もの

추천 (요리)	오늘의 특선 요리	오늘의 점심 메뉴
오스스메 お勧め すす	**히가와리료-리** 日替わり料理 ひ が りょう り	**히가와리란찌** 日替わりランチ ひ が

요리	같은 것	물수건
료-리 料理 りょう り	**오나지 모노** 同じ もの おな	**오시보리** おしぼり

디저트	젓가락	티슈
데자-또 デザート	**하시** はし	**팃슈** ティッシュ

:기본 표현

🔊 메뉴 주세요.

메뉴- 쿠다사이
メニュー ください。

🔊 음료는 뭐로 하시겠어요?

노미모노와 나니니 나사이마스까?
飲み物は 何に なさいますか。

🔊 물이면 됩니다.

오미즈데 이이데스
お水で いいです。

🔊 생맥주 주세요.

나마비-루 쿠다사이
生ビール ください。

TIP

× 식당에서 주문을 할 때는 음료를 먼저 주문하고 나중에 요리를 주문하는게 일반적이다.

🔊 추천 요리는 뭐예요?

오스스메와 난데스까?
おすすめは 何ですか。

:기본 표현

🔊 이 지역만의 요리는 있습니까?

지모또나라데와노 료-리와 아리마스까?

地元ならではの 料理は あります か。

🔊 그걸로 할게요.

소레니 시마스

それに します。

🔊 아직 못 정했어요.

마다 키메떼 이마셍

まだ 決めて いません。

🔊 이따가 다시 와 주겠어요?

아또데 키떼 모라에마스까?

後で 来て もらえますか。

🔊 저것과 같은 것을 주세요.

아레또 오나지 모노오 쿠다사이

あれと 同じ ものを ください。

기본 표현

같은 걸로 할게요.

오나지 모노니 시마스

同じ ものに します。

빨리 되는 것은 뭔가요?

하야꾸 데끼루 모노와 난데스까?

早く できる ものは 何ですか。

주문을 변경해도 될까요?

츄-몽오 카에떼모 이이데스까?

注文を 変えても いいですか。

더 필요하신 것은 없으세요?

이죠-데 요로시이데쇼-까?

以上で よろしいでしょうか。

플러스 표현

코레
これ 이것

히가와리란찌
日替わりランチ 오늘의 점심 메뉴

히가와리료-리
日替わり料理 오늘의 특선 요리

오히야
おひや 얼음물

오유
お湯 따뜻한 물

오시보리
おしぼり 물수건

팃슈
ティッシュ 티슈

하시
はし 젓가락

스뿌웅
スプーン 숟가락

데자-또 메뉴-
デザートメニュー 디저트 메뉴판

쿠다사이
ください 주세요

오네가이시마스
お願いします
부탁합니다

문제가 생겼을 때

식당에서 간혹 음식이 안 나오거나 주문한 음식이 아닌 다른 메뉴가 잘못 나오는 등 돌발 상황이 발생한다. 당황하지 말고 종업원을 불러서 대처하자.

무언가	나중에	미지근하다
나니까	**아또데**	**누루이**
何か(なに)	後で(あと)	ぬるい

취소
캰세루
キャンセル

:기본 표현

🗣️ 저기요, 실례합니다

스미마셍
すみません。

🗣️ 주문한 것이 아직 안 나왔어요.

쥬-몬시따 모노가 마다 코나인데스께도
注文した ものが まだ 来ないんですけど。
ちゅうもん　　　　　　　　　　　こ

🗣️ 주문을 취소하고 싶은데요.

쥬-몽오 캰세루시따인-데스께도
注文を キャンセルしたいんですけど。
ちゅうもん

🗣️ 이건 주문 안 했는데요.

코레와 쥬-몬시떼 이마셍
これは 注文して いません。
　　　　ちゅうもん

🗣️ 이상한 것이 들어 있는데요.

헨나 모노가 하잇떼 이룬데스께도
へんな ものが 入って いるんですけど。
　　　　　　　はい

기본 표현

맥주가 차갑지 않아요.
비-루가 춋또 누루이데스
ビールが ちょっと ぬるいです。

죄송합니다
모-시와께 고자이마셍
もうしわけ ございません。

자리를 옮기고 싶은데요.
테-부루오 우쯔리따인데스께도
テーブルを 移りたいんですけど。

잠깐!

고베에 가면

고베 포트 타워
코-베 포-또따와-
神戸 ポートタワー

루미나리에 페스티벌(12월)
코-베 루미나리에
神戸 ルミナリエ

고베규(소고기)
코-베규- | 神戸牛

계산하기

일본 식당은 신용카드(쿠레짓또카-도 クレジットカード)를 받지 않고 현금(겡낑 現金)만 받는 경우가 많으니 미리 물어보는 게 좋다. 계산(칸죠- 勘定)이 정확한지 영수증(레시-또 レシート)을 받으면 꼭 확인한다.

계산	계산, 회계	계산
칸죠-	**카이께-**	**케-상**
勘定	会計	計算
かんじょう	かいけい	けいさん

따로따로	한꺼번에	신용카드
베쯔베쯔	**마또메떼**	**쿠레짓또까-도**
別々	まとめて	クレジットカード
べつべつ		

현금	전표	맛있다
겡낑	**뎀뾰-**	**오이시이**
現金	伝票	おいしい
げんきん	でんぴょう	

:기본 표현

🔊 062_mp3

💬 계산해 주세요.

오깐죠-오 오네가이시마스

お勘定を お願いします。
かんじょう　　ねが

💬 어디에서 계산하나요?

도꼬데 하라이마스까?

どこで 払いますか。
　　　はら

💬 계산은 따로따로 해 주세요.

카이께-와 베쯔베쯔데 오네가이시마스

会計は 別々で お願いします。
かいけい　べつべつ　　ねが

💬 제가 먹은 것은 얼마입니까?

와따시노 붕와 이꾸라데스까?

私の 分は いくらですか。
わたし　ぶん

💬 한꺼번에 낼게요.

잇쇼데 오네가이시마스

一緒で お願いします。
いっしょ　　ねが

:기본 표현

 063_mp3

🔊 계산이 틀린 것 같습니다.

케-상가 마찌갓떼루미따이난데스께도

計算が 間違ってるみたいなんですけど。
けいさん　　まちが

🔊 신용카드로 계산할게요.

카-도데 하라이마스

カードで 払います。
　　　　　はら

🔊 맛있게 먹었습니다.

오이시깟따데스

おいしかったです。

잠깐!

▲ 홋카이도에 가면

라벤더
라벤다- | ラベンダー

오타루 운하
오타루웅가 | 小樽運河
　　　　　おたるうんが

게
카니 | カニ

패스트푸드점에서

주문 순서는 우리나라와 크게 다르지 않고 사진을 가리키며 주문할 수 있어 어렵지 않다. 단 케첩(케짭뿌 ケチャップ)은 달라고 해야 주는 경우가 있으니 필요하면 챙기자.

햄버거 **함바-가-** ハンバーガー	치킨 **치낑** チキン	너깃 **나겟또** ナゲット
세트 **셋또** セット	단품 **탐삥** 単品 たんぴん	이곳, 여기 **코꼬** ここ
테이크아웃 **모치까에리** 持ち帰り も かえ	리필 **오까와리** おかわり	사이드메뉴 **사이도메뉴-** サイドメニュー

:기본 표현

064_mp3

🔊 먼저 오신 손님 오세요.

오사끼니 오마찌노 오캬꾸사마까라 도-조

お先に お待ちの お客さまから どうぞ。

🔊 (사진 가리키며) 이것 주세요.

코레 쿠다사이

これ ください。

🔊 음료는 뭐로 하시겠어요?

노미모노와 나니니 나사이마스까?

飲み物は 何に なさいますか。

🔊 콜라로 부탁합니다.

코-라니 시마스

コーラに します。

🔊 여기서 드시겠어요?

코꼬데 오메시아가리데스까?

ここで お召し上がりですか。

기본 표현

🔊 여기서 먹을게요.

코꼬데 타베마스

ここで 食べます。

🎧 가지고 가시겠어요?

오모치까에리데스까?

お持ち帰りですか。

🔊 갖고 갈게요.

모치까에리마스

持ち帰ります。

🔊 리필됩니까?

오까와리 데끼마스까?

おかわり できますか。

🍴 메뉴판 찾아보기

햄버거&치킨

햄버거
함바-가- ハンバーガー

치킨
치낑 チキン

치즈버거
치-즈바-가- チーズバーガー

치킨버거
치낑바-가- チキンバーガー

사이드 메뉴

머핀
마휜 マフィン

팝콘치킨
폽프꼬온치낑 ポップコーンチキン

핫케이크
홋또케-끼 ホットケーキ

사이드 샐러드
사이도사라다 サイドサラダ

포테이토
후라이도뽀떼또 フライドポテト

옥수수 샐러드
코온사라다 コーンサラダ

치킨너깃
치낑나겟또 チキンナゲット

소스&시럽

딸기잼
스또로베리-쟈무 ストロベリージャム

핫케이크 시럽
홋또케-끼시롭뿌 ホットケーキシロップ

케첩
케쨥뿌 ケチャップ

바베큐 소스
바-베뀨-소-스 バーベキューソース

소금
시오 塩(しお)

머스터드 소스
마스따-도소-스 マスタードソース

후추
코쇼- コショウ

음료수

콜라
코-라 コーラ

사이다
스뿌라이또 スプライト

제로콜라
코-라 제로 コーラ ゼロ

환타 포도맛
환-따구레-뿌 ファンタグレープ

술집에서

일본 술집 중 여행객이 많이 찾는 곳은 가볍게 즐기기 좋은 이자카야. 대부분의 이자카야에서는 기본 안주(오또-시 お通し)가 자릿세 겸해서 나온다. 안주(오쯔마미 おつまみ) 하나의 양이 많지 않아서 배불리 먹으려면 술값이 만만치 않게 든다. 일본인들은 대체로 생맥주(나마비루 生ビール)에 안주 한두 개 정도 시킨다.

술	무알코올	기본 안주
오사께 お酒 さけ	**농아루꼬-루** ノンアルコール	**오또-시** お通し とお

안주	추천 (요리)	한 잔 더
오쯔마미 おつまみ	**오스스메** お勧め すす	**모- 입빠이** もう 一杯 いっぱい

한 병 더	앞접시	재떨이
모- 입뽕 もう 一本 いっぽん	**토리자라** 取り皿 と ざら	**하이자라** 灰皿 はいざら

:기본 표현

🔊 술은 어떻게 하시겠습니까?

오사케와 도- 나사이마스까?

お酒は どう なさいますか。

🔊 이 지역 특산 맥주 있어요?

지비-루 아리마스까?

地ビール ありますか。

> **TIP**
> × '지비루'란 각 지역의 개성을 살려 일본식 소규모 양조장에서 만든 지역 특산 맥주를 말한다.

🔊 어떤 맥주가 있어요?

돈나 비-루가 아리마스까?

どんな ビールが ありますか。

🔊 앞접시 주세요.

토리자라 쿠다사이

取り皿 ください。

🔊 물이면 충분해요.

미즈데 켁꼬-데스

水で けっこうです。

:기본 표현

📢 무알코올 음료 있습니까?

농아루꼬-루노 노미모노와 아리마스까?

ノンアルコールの 飲み物は ありますか。

📢 한 잔 더 주세요.

모- 입빠이 꾸다사이

もう 一杯 ください。

📢 재떨이 갈아주세요.

하이자라오 카에떼 꾸다사이

灰皿を 替えて ください。

✕ 메뉴판 찾아보기

술

생맥주
나마비-루 生(なま)ビール

병맥주
빔비-루 ビンビール

지역 특산 맥주
지비-루 地(じ)ビール

하이볼
하이보-루 ハイボール

정종
사께 酒(さけ)

매실주
우메슈 梅酒(うめしゅ)

물탄술
미즈와리 水割(みずわ)り

사워
사와- サワー

칵테일
카크떼루 カクテル

위스키
우이스끼- ウイスキー

레드와인
아까와잉 赤(あか)ワイン

화이트와인
시로와잉 白(しろ)ワイン

꼬치

꼬치 구이
쿠시야끼 くし焼(や)き

닭꼬치
야키또리 焼(や)き鳥(とり)

닭똥집
스나기모 砂肝(すなぎも)

고기완자
니꾸당고 肉(にく)だんご

오돌뼈
낭꼬쯔 軟骨(なんこつ)

닭날개
테바사끼 手羽先(てばさき)

닭껍데기
토리까와 鳥皮(とりかわ)

흰 곱창
시로모쯔 白(しろ)もつ

삼겹살
바라 ばら

돼지 간
레바- レバー

닭 간
키모 きも

우설, 소 혀
규-땅 牛(ぎゅう)タン

소 안창살
규-사가리 牛(ぎゅう)さがり

팽이버섯말이
에노끼마끼 エノキ巻(まき)

양파
타마네기 玉(たま)ねぎ

대파
네기 ネギ

✕ 메뉴판 찾아보기

그밖의 안주

풋콩
에다마메 えだまめ

샐러드
사라다 サラダ

크로켓
코록께 コロッケ

닭튀김
카라아게 から揚(あ)げ

튀김
템뿌라 天(てん)ぷら

어묵
오뎅 おでん

낫또
낫또- なっとう

계란말이
타마고야끼 たまご焼(や)き

다코야키
타꼬야끼 たこ焼(や)き

일본식 부침개
오꼬노미야끼 お好(この)み焼(や)き

묽게 만든 일본식 부침개
몬쟈야끼 もんじゃ焼(や)き

모듬 치즈
치-즈노 모리아와세 チーズの 盛(も)り合(あ)わせ

구워먹는 고기
야끼니꾸 焼肉(やきにく)

자작하게 졸인 일본식 전골 요리
스끼야끼 すき焼(や)き

전골(냄비) 요리
나베 なべ

샤브샤브
샤부샤부 しゃぶしゃぶ

민스 커틀릿
멘치까쯔 メンチカツ

돈가스
통까쯔 トンカツ

규카쓰(비프카츠)
규-까쯔 牛(ぎゅう)カツ

식사 메뉴

오차즈케(차에 밥을 말아 먹음)
오쨔즈께 お茶(ちゃ)づけ

주먹밥
오니기리 お握(にぎ)り

소고기 덮밥
규-동 牛丼(ぎゅうどん)

튀김 덮밥
텐동 天丼(てんどん)

닭고기와 계란을 얹은 덮밥
오야꼬동 親子丼(おやこどん)

돈가스 덮밥
카쯔동 カツ丼(どん)

장어 덮밥
우나동 うな丼(どん)

찬합에 담긴 장어 덮밥
우나쥬- うな重(じゅう)

초밥집에서

일본에서 회전초밥(카이뗀즈시 回転寿司)집은 우리의 한식당만큼 흔히 접하는 곳이다. 회전대 위의 초밥 접시를 집어도 되지만 먹고 싶은 초밥을 직접 주문하면 더 신선하게 즐길 수 있다. 단 회전대 위의 초밥 접시를 들었다가 다시 놓는 일은 매너에 어긋나니 주의하는 게 좋다.

초밥	회전초밥	유부초밥
스시 寿司 すし	**카이뗀즈시** 回転寿司 かいてんずし	**이나리즈시** 稲荷寿司 いなりずし

회덮밥	회	주방장 특선
치라시즈시 ちらし寿司 ずし	**사시미** 刺身 さしみ	**오마까세** おまかせ

TIP

× '오마까세'란 정해진 메뉴 없이 그날그날 주방장이 엄선한 재료로 내놓는 요리를 말한다. 무엇을 먹을지 고민될 때는 '오마까세'를 주문하는 것도 좋은 방법이다. 초밥집뿐만 아니라 꼬치 구이 전문점이나 이탈리안 레스토랑, 술집 등에도 '오마까세' 메뉴가 있다.

:기본 표현

🔊 참치뱃살 주세요.

오-또로 쿠다사이

大トロ ください。

🔊 고추냉이는 빼 주세요.

와사비 누끼데 오네가이시마스

わさび 抜きで お願いします。

🔊 구운 연어 주세요.

아부리사-몽 쿠다사이

あぶりサーモン ください。

TIP
× '아부리'란 초밥의 겉을 토치로 살짝 구운 것을 말한다.

🍴 메뉴판 찾아보기

붉은살 생선

참치
마구로 マグロ

참치뱃살
오-또로 / 츄-또로
大(おお)トロ / 中(ちゅう)トロ

참치 등살
아까미 あかみ

참치 등살 간장 절임
즈께마구로 漬(づ)けマグロ

연어
사께 · 사-몽 さけ · サーモン

고등어
사바 サバ

송어
마스 マス

전갱이
아지 アジ

가다랑어
카쯔오 カツオ

방어
부리 ぶり

새끼방어
하마찌 はまち

흰살 생선

광어
히라메 ヒラメ

광어지느러미
엥가와 えんがわ

도미
타이 たい

농어
스즈끼 スズキ

대구
타라 タラ

메뉴판 찾아보기

조개류

전복
아와비 あわび

키조개
타이라가이 タイラガイ

가리비
호따떼가이 ホタテガイ

대합
하마구리 ハマグリ

피조개
아까가이 あか貝(がい)

소라
사자에 さざえ

갑각류

새우
에비 えび

게
카니 かに

단새우
아마에비 甘(あま)エビ

털게
케가니 毛(け)がに

삶은 새우
유데에비 ゆでエビ

게 내장
카니미소 かにみそ

갯가재
샤꼬 シャコ

알

연어알
이꾸라 イクラ

성게알
우니 ウニ

명란
멘따이꼬 明太子(めんたいこ)

날치알
토비꼬 トビコ

✗ 메뉴판 찾아보기

――― 기타 ―――

오징어
이까 いか

문어
타꼬 たこ

계란말이
타마고야끼 たまご焼(や)き

장어
우나기 うなぎ

붕장어
아나고 あなご

――― 마키(김밥) ―――

원뿔 모양으로 반 김밥
테마끼 手巻(てま)き

오이 초밥
캅빠마끼 かっぱ巻(ま)き

낫또 마키
낫또-마끼 なっとう巻(ま)き

참치 마키
텍까마끼 てっか巻(ま)き

참치 낫또 마키
마구로낫또- マグロなっとう

다진 참치 위에 쪽파 올린 것
네기또로 ねぎとろ

라면집에서

오랜 시간 육수를 우려내서 만드는 일본 라면은 인스턴트와는 또 다른 맛이다. 돼지 뼈를 고아 진한 국물 맛을 낸 돈코츠라멘(통꼬츠라-멩 豚骨ラーメン), 된장으로 국물 맛을 낸 미소라멘(미소라-멩 味噌ラーメン), 간장으로 국물 맛을 낸 쇼유라멘(쇼-유라-멩 醬油ラーメン), 소금으로 국물 맛을 낸 시오라멘(시오라-멩 塩ラーメン)이 대표적이며, 푹 삶은 돼지고기(챠-슈- チャーシュー)와 숙주(모야시 もやし)를 듬뿍 올려 먹는다.

라면 **라-멩** ラーメン	면의 익힘 정도 **카따사** かたさ	꼬들꼬들함 **카따메** かため
보통 **후쯔-** 普通 ふつう	약간 퍼짐 **야와라까메** やわらかめ	가는 면 **호소멩** 細麺 ほそめん
굵은 면 **후또멩** 太麺 ふとめん	곱빼기 **오-모리** 大盛 おおもり	사리 **카에다마** 替玉 かえだま

:기본 표현

 069_mp3

🗣 면은 어느 정도로 익힐까요?

멘노 카따사와 도- 시마스까?

麺の かたさは どう しますか。

🗣 꼬들꼬들하게 해 주세요.

카따메데 오네가이시마스

かためで お願いします。

🍴 메뉴판 찾아보기

─┤ 라면 ├─

돼지 육수 라면
통꼬츠라-멩 豚骨(とんこつ)ラーメン

간장으로 국물 맛을 낼 라면
쇼-유라-멩 醬油(しょうゆ)ラーメン

된장으로 국물 맛을 낸 라면
미소라-멩 味噌(みそ)ラーメン

소금으로 국물 맛을 낸 라면
시오라-멩 塩(しお)ラーメン

─┤ 기타 메뉴 ├─

삶은 돼지고기
챠-슈- チャーシュー

공기밥
라이스 ライス

숙주
모야시 もやし

볶음밥
야끼메시 / 챠-항
焼(や)きめし / チャーハン

죽순 절임
멤마 メンマ

삶은 달걀 조림
니따마고 煮卵(にたまご)

군만두
야끼교-자 焼(や)き餃子(ぎょうざ)

─┤ 그밖의 면 요리 ├─

우동
우동 うどん

츠케멘(국수를 국물에 찍어 먹는 면 요리)
츠께멩 つけめん

사누키 우동
사누끼우동 さぬきうどん

메밀국수
소바 そば

유부 우동
키쯔네우동 きつねうどん

청어 메밀국수
니신소바 にしんそば

튀김 부스러기를 얹은 우동
타누끼우동 たぬきうどん

일본식 볶음국수
야키소바 焼(や)きそば

카레 우동
카레-우동 カレーうどん

나가사키 짬뽕
나가사키짬뽕
長崎(ながさき)チャンポン

카페에서

일본은 드립 커피 문화가 일찍 발달한 나라인 만큼 흔히 아는 체인형 카페보다는 독립적인 카페(카훼 カフェ)를 이용해 보자. 맛있는 커피와 함께 달콤한 디저트(데자-또 デザート)도 다양하게 즐길 수 있다. 카페 내에 콘센트가 있다고 무턱대고 전자기기를 꽂으면 전기 도둑으로 몰릴 수 있으니 물어보고 사용하는 게 좋다.

찻집, 카페 **킷사뗑** 喫茶店 きっさてん	카페 **카훼** カフェ	커피 **코-히-** コーヒー
휘핑크림 **호입프꾸리-무** ホイップクリーム	뜨거운 (음료) **홋또** ホット	아이스 (음료) **아이스** アイス
케이크 **케-끼** ケーキ	디저트 **데자-또** デザート	

:기본 표현

🔊 카푸치노 주세요.

카프찌-노 쿠다사이

カプチーノ ください。

🔊 뜨거운 걸로 드릴까요?

홋또데 요로시이데스까?

ホットで よろしいですか。

🔊 아이스로 부탁합니다.

아이스데 오네가이시마스

アイスで お願いします。

🔊 추천 디저트가 있습니까?

오스스메노 데자-또와 아리마스까?

お勧めの デザートは ありますか。

🔊 콘센트를 사용해도 됩니까?

콘센또오 츠깟떼모 이이데스까?

コンセントを 使っても いいですか。

🍴 메뉴판 찾아보기

음료수

아메리카노
아메리까-노 アメリカーノ

드립 커피
도립프꼬-히- ドリップコーヒー

카페라떼
카훼라떼 カフェラテ

카푸치노
카프찌-노 カプチーノ

비엔나 커피
우인나꼬-히- ウィンナーコーヒー

카라멜 라떼
캬라메루라떼 キャラメルラテ

카페모카
카훼모까 カフェモカ

메론소다
메론소-다 メロンソーダー

오렌지 주스
오렌지쥬-스 オレンジジュース

사과 주스
압뿌루쥬-스 アップルジュース

진저 에일
진쟈-에-루 ジンジャーエール

홍차
코-쨔 紅茶(こうちゃ)

녹차
료크쨔 緑茶(りょくちゃ)

얼그레이 아이스티
아-루구레-아이스띠- アールグレイアイスティー

스무디
스무-지- スムージー

허브티
하-부띠- ハーブティー

차이
챠이 チャイ

코코아
코꼬아 ココア

칵테일
카크떼루 カクテル

생맥주
나마비-루 生(なま)ビール

글래스 와인
구라스와잉 グラスワイン

메뉴판 찾아보기

디저트

몽블랑
몸부랑 モンブラン

스콘
스꼬옹 スコーン

티라미수
티라미스 ティラミス

케이크
케ー끼 ケーキ

롤케이크
로ー루께ー끼 ロールケーキ

레어 치즈 케이크
레아찌ー즈께ー끼 レアチーズケーキ

시퐁 케이크
시횽ー케ー끼 シフォンケーキ

가토 쇼콜라
가또ー쇼꼬라 ガトーショコラ

도넛
도ー나쯔 ドーナツ

와플
왓후루 ワッフル

푸딩
푸링 プリン

바닐라 아이스크림
바니라아이스꾸리ー무
バニラアイスクリーム

초코 아이스크림
쵸꼬아이스꾸리ー무
チョコ アイスクリーム

녹차 아이스크림
맛쨔아이스꾸리ー무
抹茶(まっちゃ)アイスクリーム

파르페
파훼 パフェ

샌드위치
산도잇찌 サンドイッチ

규카쓰(비프카츠) 샌드위치
규ー까쯔산ー도 牛(ぎゅう)カツサンド

돈가스 샌드위치
까쯔산ー도 カツサンド

쉬어가기

🍜 도쿄 vs 오사카 음식 문화

도쿄와 오사카는 음식 문화가 다르다. 오사카는 바다가 가까워서 신선한 생선 요리가 발달했다. 그래서 재료의 맛을 살려 간을 세게 하지 않는 것이 특징이다. 반면에 도쿄는 맛과 향이 짙은 진한 간장을 사용한다. 가끔 요리 이름이 같아도 재료나 재료의 모양이 전혀 다른 요리가 나오기도 하므로 메뉴판 사진을 잘 살펴보자.

❶ 우동 국물

우동은 주문한 메뉴가 테이블에 나올 때 바로 오사카와 도쿄의 차이를 느낄 수 있다. 도쿄 우동 국물은 까맣다. 간장 색깔이 진하고 맛도 향도 강하다. 하지만 오사카 우동 국물은 맑고 맛도 강하지 않다. 오사카에서는 우동 국물을 라멘 국물처럼 마시는데 도쿄에서는 우동 국물을 잘 마시지 않는다.

❷ 고기

돼지고기가 들어간 중화 만두를 도쿄에서는 니쿠만(肉まん)이라고 하는데 오사카에서는 부타만(豚まん)이라고 구별하여 부른다. 오사카에서는 고기라고 하면 쇠고기를 의미하기 때문이다. 집밥, 외식이나 학교 급식에서나 빠지지 않는 메뉴 중 하나가 카레다. 만드는 방법은 크게 다르지 않지만 카레에 꼭 들어가는 고기 종류가 다르다. 카레에 들어가는 고기라고 하면 오사카에는 주로 쇠고기인데 반해 도쿄에서는 돼지고기를 가리킨다.

❸ 오코노미야끼 vs 몬자야끼

밀가루 반죽에 신선한 해산물을 넣어 구워먹는 오사카의 오코노미야끼는 양배추를 잘게 썰고 자신의 취향에 맞는 재료를 마음껏 넣어서 먹는다. 도쿄의 몬자야끼도 밀가루 반죽에 다양한 재료가 들어가는 건 같지만 졸이듯 익혀내는 점이 다르다. 오코노미야끼가 두툼한 빈대떡과 같은 식감이라면 몬자야끼는 김치전처럼 촉촉한 반죽의 식감에 가깝다. 덧붙여 오코노미야끼의 양대산맥인 히로시마식 오코노미야키는 밀가루 반죽을 먼저 펴고 재료를 위에 얹어 뒤집어서 굽는데 이때 속에 면을 넣는 게 특징이다.

쉬어가기

사진으로 만나는 일본 음식

くし焼き
꼬치 구이

生ビル
생맥주

納豆
낫또

おにぎり
주먹밥

おでん
어묵

コロッケ
크로켓

から揚げ
닭튀김

牛カツ
규카쓰(비프카츠)

トンカツ
돈가스

牛カツサンド
규카쓰(비프카츠) 샌드위치

사진으로 만나는 일본 음식

カツ丼
돈가스 덮밥

うな重
(찬합에 담긴) 장어 덮밥

親子丼
닭고기와 계란을 얹은 덮밥

お茶づけ
오차즈케(차에 밥을 말아 먹음)

牛丼
소고기 덮밥

たこ焼き
다코야키

焼き餃子
군만두

お好み焼き
일본식 부침개

焼きそば
일본식 볶음국수

すき焼き
자작하게 졸인 일본식 전골 요리

사진으로 만나는 일본 음식

刺身
さし み
회

寿司
す し
초밥

味噌ラーメン
み そ
된장으로 국물 맛을 낸 라면

豚骨ラーメン
とんこつ
돼지 육수 라면

そば
메밀국수

うどん
우동

<ruby>長崎<rt>ながさき</rt></ruby>チャンポン
나가사키 짬뽕

カレーうどん
카레 우동

つけめん
츠케멘(국수를 국물에 찍어 먹는 면 요리)

Unit 5

관광

- 정보 얻기
- 표 구입하고 관광하기
- 공연 관람하기
- 스포츠 관람하기

정보 얻기

? 나 i 모양의 관광안내소(캉꼬-안나이죠 観光案内所, 잉-후오메-숑 インフォメーション)가 보이면 무조건 들어가서 관광지도(캉꼬-찌즈 観光地図) 및 팸플릿(팡후렛또 パンフレット), 할인 티켓 등을 받아둔다. 편하게 시내를 돌아보고 싶으면 여기서 관광 투어(캉꼬-쯔아- 観光ツアー)도 알아볼 수 있다.

관광안내소	관광안내소(Information)	관광지도
캉꼬-안나이죠 観光案内所 かんこうあんないじょ	**잉후오메-숑** インフォメーション	**캉꼬-찌즈** 観光地図 かんこうちず

시내지도	팸플릿	거리
시나이찌즈 市内地図 しないちず	**팡후렛또** パンフレット	**토-리** 通り とお

입장권	관광 투어	유료 보관함
뉴-죠-껭 入場券 にゅうじょうけん	**캉꼬-쯔아-** 観光ツアー かんこう	**코인록까-** コインロッカー

: 기본 표현

 071_mp3

📢 관광안내소는 어디입니까?

캉꼬-안나이죠와 도꼬데스까?

観光案内所は どこですか。
かんこうあんないじょ

📢 한국어 팸플릿은 있습니까?

캉꼬꾸고노 팡후렛또와 아리마스까?

韓国語の パンフレットは ありますか。
かんこくご

📢 이 거리는 뭐라고 합니까?

코노 토-리와 난떼 유운데스까?

この 通りは 何て 言うんですか。
　　とお　　なん　い

📢 입장권은 어디에서 팝니까?

뉴-죠-껭와 도꼬데 웃떼 이룬데스까?

入場券は どこで 売って いるんですか。
にゅうじょうけん　　　　う

📢 근처에 유료 보관함은 있습니까?

치까꾸니 코인록까-와 아리마스까?

近くに コインロッカーは ありますか。
ちか

플러스 표현

캉꼬-안나이죠
観光案内所 관광안내소
かんこうあんないじょ

잉후오메-숑
インフォメーション
관광안내소

에레베-따-
エレベーター 엘리베이터

킵뿌우리바
切符売り場 매표소
きっぷ う ば

코인록까-
コインロッカー 유료 보관함

하꾸부츠깡
博物館 박물관
はくぶつかん

비쥬츠깡
美術館 미술관
び じゅつかん

코-엥
公園 공원
こうえん

와 도꼬데스까?
は どこですか
~는 어디에 있어요?

표 구입하고 관광하기

티켓 구입시 인터넷 예매가 일반적이나 현장에서 구입하는 경우도 있으므로 표현을 익혀두자. 도쿄의 지브리 박물관처럼 100% 예매로만 진행하는 곳도 있으니 여행 계획을 세울 때 미리 파악해 두면 도움이 된다.

매표소 **킵뿌우리바** 切符売り場 きっぷうりば	입구 **이리구찌** 入口 いりぐち	출구 **데구찌** 出口 でぐち
입장료 **뉴-죠-료-** 入場料 にゅうじょうりょう	어른 **오또나** 大人 おとな	학생 **가크세-** 学生 がくせい
어린이 **코도모** 子供 こども	할인 **와리비끼** 割引 わりびき	학생 할인 **가꾸와리** 学割 がくわり
~장 **마이** 枚 まい	사진 **샤싱** 写真 しゃしん	

:기본 표현

🔊 매표소는 어디입니까?

킵뿌우리바와 도꼬데스까?

切符売り場は どこですか。
きっぷ う ば

🔊 당일권은 있습니까?

토-지츠껭와 아리마스까?

当日券は ありますか。
とうじつけん

🔊 입장료는 얼마입니까?

뉴-죠-료-와 이꾸라데스까?

入場料は いくらですか。
にゅうじょうりょう

🔊 어른 두 장 어린이 한 장 주세요.

오또나 니마이또 코도모 이치마이 쿠다사이

大人 2枚と 子ども 1枚 ください。
おとな　にまい　こ　　　いちまい

TIP

× 표 장수
- 세 장: 삼마이(三枚, さんまい)
- 네 장: 욤마이(四枚, よんまい)
- 다섯 장: 고마이(五枚, ごまい)
- 열 장: 쥬-마이(十枚, じゅうまい)

🔊 학생 할인 가능합니까?

가꾸와리와 데끼마스까?

学割は できますか。
がくわり

:기본 표현

🔊 익스프레스는 필요없습니다.

에꾸스뿌레스와 이리마셍

エクスプレスは 要りません。

TIP
✗ 익스프레스는 놀이기구를 탈 때 기다릴 필요 없이 즐길 수 있는 티켓을 말한다. 대개 입장권을 구입하고 익스프레스를 별도로 구매해야 이용할 수 있으니 잘 알아보고 구입하자.

🔊 만지지 마세요.

테오 후레나이데 꾸다사이

手を 触れないで ください。

🔊 이곳에서 사진을 찍어도 되나요?

코꼬데 샤싱오 톳떼모 이이데스까?

ここで 写真を 撮っても いいですか。

🔊 사진을 찍어 주시겠어요?

샤싱오 톳떼 이따다께마스까?

写真を 撮って いただけますか。

공연 관람하기

가부키(카부끼 歌舞伎) 같은 전통공연도 좋고 뮤지컬(뮤-지까루 ミュージカル)이나 좋아하는 가수의 콘서트(콘사-또 コンサート), 락페스티벌(록크훼스띠바루 ロックフェスティバル) 등 평소 관심 있던 공연을 일본에서 즐기는 것도 색다른 경험이다. 인기 있는 공연은 예매가 필수이지만, 현지에서만 구입 가능한 공연들도 많다. 특히 콘서트는 인터넷 예매가 자유로운 우리나라와 다르게 일본 내 편의점에서만 예매가 가능한 경우도 있으니 가고 싶은 공연이 있으면 예매 방법을 미리 확인하고 여행을 준비하자.

가부키
카부끼
歌舞伎
かぶき

콘서트
콘사-또
コンサート

뮤지컬
뮤-지까루
ミュージカル

락 페스티벌
록크훼스띠바루
ロック
フェスティバル

가수
카슈
歌手
かしゅ

락밴드
록꾸반도
ロックバンド

아이돌
아이도루
アイドル

공연을 시작함
카이엥
開演
かいえん

촬영
사쯔에-
撮影
さつえい

금지
킨시
禁止
きんし

(이벤트 관련) 상품
굿즈
グッズ

기본 표현

🔊 공연 시작은 몇 시인가요?

카이엥와 난지데스까?

開演は 何時ですか。
かいえん　　なんじ

🔊 자리가 있나요?

세끼와 아리마스까?

席は あります か。
せき

🔊 가장 싼 표는 얼마인가요?

이찌방 야스이 치껫또와 이꾸라데스까?

一番 安い チケットは いくらですか。
いちばん やす

🔊 이 좌석까지 안내해 주세요.

코노 자세끼마데 안나이시떼 꾸다사이

この 座席まで 案内して ください。
　　　ざせき　　　あんない

🔊 촬영은 삼가해 주세요.

사쯔에-와 고엔료 꾸다사이

撮影は ご遠慮 ください。
さつえい　えんりょ

157

스포츠 관람하기

야구(야뀨- 野球)나 축구(삭까- サッカー)처럼 좋아하는 스포츠가 있다면 일본에서도 직접 관람하여 그 응원 열기에 동참해 보자. 입장권(뉴-죠-껭 入場券) 구입은 어떻게 해야 하는지 입장료는 얼마인지 묻고 답할 수 있게 표현을 익혀두자.

시합 **시아이** 試合 しあい	경기 **쿄-기** 競技 きょうぎ	표 **치껫또** チケット
매진 **우리끼레** 売り切れ う き	돔 **도-무** ドーム	응원 **오-엥** 応援 おうえん
야구 **야뀨-** 野球 や きゅう	축구 **삭까-** サッカー	체조 **타이소-** 体操 たいそう

기본 표현

오늘은 경기가 있습니까?

쿄-와 시아이 아리마스까?

今日は 試合 ありますか。

표는 어디에서 살 수 있습니까?

치껫또와 도꼬데 카에마스까?

チケットは どこで 買えますか。

표가 매진되었습니다.

치껫또와 우리키레마시따

チケットは 売り切れました。

한 장에 얼마입니까?

이찌마이 이꾸라데스까?

一枚 いくらですか。

몇 시부터 입장할 수 있습니까?

난지까라 하이레마스까?

何時から 入れますか。

쉬어가기

🥎 일본에서 야구 관람하기

야구광인데 일본 프로 야구 시즌에 일본으로 여행을 왔다면 야구 한 게임 정도는 봐야 하지 않을까? 물론 일본에서 야구의 인기는 어마어마해서 표를 구하기가 만만하지는 않다. 하지만 야구장 홈페이지에서 미리 스케줄을 확인하면 표를 구입할 수 있다. 예매하지 못했다면 입석 티켓이라도 살 수 있으니 현장에 직접 가서 구하면 된다.

1 일본프로야구 홈페이지에서 스케줄 확인하기
www.npb.or.jp

2 티켓 구매하기: 인터넷 예매

예) 도쿄 돔
http://www.giants.jp/top.html
(요미우리 자이언츠의 홈구장)

대개 각 홈페이지별로 한국어 페이지가 잘 만들어져 있기 때문에 '한국어'를 누르면 쉽게 티켓을 구입할 수 있다.

★ 일본어의 경우
① 홈페이지 메인 화면에서 왼쪽 위의 「TICKET」을 클릭한다.
② 경기 일정이 나오면 원하는 날짜의 「購入(구입)・詳細(상세 보기)」를 클릭한다.
③ 안내에 따라 회원 가입을 해도 되고, 「会員登録不要(회원 가입 필요하지 않음)」을 누르면 비회원으로 바로 티켓을 구입할 수 있다.
④ 원하는 좌석을 고르고 결제방법을 「クレジットカード(신용카드)」로 결정한 후에 「티켓 구입(チケット購入)」 버튼을 눌러 구입한다.

3 티켓 구매하기: 편의점 구매

로손(Lawson)이라는 편의점의 로피(Loppi)라는 티켓 판매기에서 구매할 수 있다.

4 일본 프로 야구 각 팀 및 홈구장

- 도쿄 요미우리 자이언츠(東京 読売 ジャイアンツ): 도쿄 돔
- 도쿄 야쿠르트 스왈로스(東京 ヤクルトスワローズ): 도쿄 메이지진구 구장
- 요코하마 DeNA 베이스타스(横浜 DeNA ベイスターズ): 요코하마 스타디움
- 나고야 주니치 드래건스(名古屋 中日 ドラゴンズ): 나고야 돔
- 히로시마 도요 카프(広島 東洋 カープ): 마쓰다 스타디움
- 한신 타이거스(阪神 タイガース): 한신 고시엔 구장
- 사이타마 세이부 라이온스(埼玉 西部 ライオンズ): 사이타마 메트라이프 돔
- 오사카 오릭스 버팔로스(大阪 オリックス バファローズ):
  오사카 교세라 돔, 고베 호토모토 필드
- 지바 롯데 마린스(千葉 ロッテ マリーンズ): 지바 마린스 스타디움
- 도호쿠 라쿠텐 골든이글스(東北 楽天 ゴールデンイーグルス):
  센다이 미야기 스타디움
- 홋카이도 니혼햄 파이터스(北海道 日本ハム ファイターズ): 삿포로 돔
- 후쿠오카 소프트뱅크 호크스(福岡 ソフトバンク ホークス):
  야후 오크 돔

🔥 하계 올림픽 주요 종목

육상
리꾸죠-
陸上
りくじょう

체조
타이소-
体操
たいそう

사이클
지뗀샤
自転車
じ てんしゃ

승마
바쥬쯔
馬術
ば じゅつ

농구
바스껫또보-루
バスケットボール

축구
삭까-
サッカー

배구
바레-보-루
バレーボール

핸드볼
한도보-루
ハンドボール

테니스
테니스
テニス

배드민턴
바도민똥
バドミントン

탁구
탁꾸-
卓球
たっきゅう

필드 하키
혹께-
ホッケー

조정
세-링구
セーリング

카누
카누-
カヌー

요트
보-또
ボート

수영
스이에-
水泳
すいえい

복싱
보크싱구
ボクシング

유도
쥬-도-
柔道
じゅうどう

태권도
태꾸온도-
テクォンドー

역도
쥬-료-아게
重量挙げ
じゅうりょう あ

양궁
아-쩨리-
アーチェリー

사격
샤게끼
射撃
しゃげき

펜싱
휀싱-구
フェンシング

Unit 6

쇼핑

- 상점 찾기
- 물건 구경하기 I
- 물건 구경하기 II - 색깔
- 물건 구경하기 III - 소재, 디자인, 사이즈
- 흥정 및 계산하기
- 교환 및 환불하기
- 기모노 빌리기

상점 찾기

대형 백화점(데빠-또 デパート)을 비롯하여 재래시장의 구석구석까지 일본은 쇼핑 천국이다. 하지만 가격을 잘 비교하여 국내보다 비싸게 사는 일이 없도록 한다. 쇼핑은 마지막 일정으로 잡는 게 팁! 무거운 짐은 유료 물품보관함(코인록까- コインロッカー)에 넣어두고 쇼핑을 마음껏 즐기자.

상점	매장	백화점
(오)미세 (お)店 みせ	**우리바** 売り場 う ば	**데빠-또** デパート

엘리베이터	몇 층	기념품
에레베-따- エレベーター	**낭가이** 何階 なんがい	**오미야게** おみやげ

세일	영업 시간	유료 물품보관함
세-루 セール	**에-교-지깡** 営業時間 えいぎょう じ かん	**코인록까-** コインロッカー

:기본 표현

🔊 가전제품 판매장은 몇 층인가요?

카뎅우리바와 낭가이데스까?

家電売り場は 何階ですか。

🔊 5층입니다.

고까이데스

5階です。

🔊 엘리베이터는 어디에 있습니까?

에레베-따-와 도꼬데스까?

エレベーターは どこですか。

🔊 지금 세일 중입니까?

이마 세-루와 얏떼 이마스까?

今 セールは やって いますか。

🔊 영업 시간은 몇 시입니까?

에-교-지깡와 난지데스까?

営業時間は 何時ですか。

플러스 표현

카뎅우리바
家電売り場 가전 매장

오모쨔우리바
おもちゃ売り場
장난감 매장

크쯔우리바
くつ売り場 구두 매장

후꾸우리바
服売り場 옷 매장

아크세사리-우리바
アクセサリー売り場
액세서리 매장

카방우리바
かばん売り場 가방 매장

케쇼-힝우리바
化粧品売り場 화장품 매장

코-스이우리바
香水売り場 향수 매장

와 낭가이데스까?
は 何階ですか。
~은 몇 층입니까?

••••••••••••••••••••

와 도꼬데스까?
は どこですか。
~은 어디입니까?

✦✦✦ 플러스 표현

가전제품 판매장은 몇 층인가요?

카뎅우리바와 낭가이데스까?

家電売り場は 何階ですか。
かでんう　ば　　なんがい

익까이 一階 1층
いっかい

니까이 二階 2층
に かい

상가이 三階 3층
さんがい

용까이 四階 4층
よんかい

고까이 五階 5층
ご かい

록까이 六階 6층
ろっかい

나나까이 七階 7층
ななかい

학까이 八階 8층
はっかい

큐ー까이 九階 9층
きゅうかい

쥭까이 十階 10층
じゅっかい

데스
です
~입니다.

물건 구경하기 I

다가오는 점원이 부담스러우면 그냥 보기만 한다고 말하자. 찾는 물건이 있으면 메모지에 모델명을 적어가서 다른 가게와 비교하여 흥정도 할 수 있다. 상품에 「お得(오또꾸), お徳用(오또꾸요-), 增量(조-료-)」 등의 단어가 붙어 있으면 같은 값에 양이 더 많다는 뜻이다.

어느 것	이것	저것
도레 どれ	**코레** これ	**아레** あれ

그것	입어 봄, 시착	탈의실
소레 それ	**시쨔꾸** 試着 し ちゃく	**시쨔꾸시쯔** 試着室 し ちゃくしつ

할인, 같은 값에 양이 많음	특가 상품, 미끼 상품	품절
오또꾸 お得 とく	**메다마쇼-힝** 目玉商品 め だましょうひん	**시나기레** 品切れ しな ぎ

:기본 표현

구경 좀 할게요.

촛또 미떼모 이이데스까?

ちょっと 見ても いいですか。

찾으시는 게 있으신가요?

나니까 오사가시데스까?

何か お探しですか。

보기만 하려고요.

미떼루다께데스

見てるだけです。

TIP

× **프리볼트 제품**

100~220v 전압에서 사용 가능한 제품을 말한다. 변환플러그를 이용하면 어디서든 사용할 수 있다. 우리나라의 표준전압은 220볼트이고 일본의 표준전압은 100볼트이다.

프리볼트 제품이 있습니까?

후리-보루또노 세-힝와 아리마스까?

フリーボルトの 製品は ありますか。

가방을 찾는데요.

카방오 사가시떼 이룬데스께도

かばんを 探して いるんですけど。

:기본 표현

🗣️ 저거 보여 주세요.

아레오 미세떼 꾸다사이

あれを 見せて ください。

🗣️ 들어 봐도 될까요?

테니 톳떼모 이이데스까?

手に とっても いいですか。

🗣️ 신어 봐도 될까요?

하이떼 미떼모 이이데스까?

はいて みても いいですか。

🗣️ 입어 봐도 될까요?

시쨔꾸시떼모 이이데스까?

試着しても いいですか。

🗣️ 탈의실이 어디예요?

시쨔꾸시쯔와 도꼬데스까?

試着室は どこですか。

: 기본 표현

🔊 이건 별로 마음에 안 드네요.

코레와 촛또
これは ちょっと。

🔊 이걸로 할게요.

코레니 시마스
これに します。

🔊 나중에 또 올게요.

아또데 마따 키마스
後で また 来ます。

🌰 잠깐!

🗻 나가노에 가면

스키
스끼- | スキー

지고쿠다니
야생원숭이 공원
지고꾸다니 야엥꼬-엥
地獄谷 野猿公苑

젠코지
젱꼬-지 | 善光寺

물건 구경하기 II - 색깔

같은 종류의 물건이라도 일본 상점(우리바 売り場)은 다양한 색상이 구비되어 있다. 원하는 색(이로 色)이 있으면 점원에게 과감하게 요청해 보자.

빨강
아까 / 렛도
赤 / レッド
あか

파랑
아오 / 부루-
青 / ブルー
あお

노랑
키이로 / 이에로-
黄色 / イエロー
き いろ

검정
쿠로 / 부락꾸
黒 / ブラック
くろ

갈색
챠이로 / 부라웅
茶色 / ブラウン
ちゃいろ

회색
구레-
グレー

흰색
시로 / 호와이또
白 / ホワイト
しろ

베이지
베-쥬
ベージュ

녹색
미도리
緑
みどり

핑크
핑꾸
ピンク

주황색
오렌지 / 다이다이이로
オレンジ / 橙色
だいだいいろ

보라색
무라사끼
紫
むらさき

:기본 표현

🗣️ 색깔만 다른 게 있습니까?

이로찌가이와 아리마스까?

色違いは ありますか。
いろちが

🗣️ 이걸로 노란색은 없습니까?

코레데 키이로와 아리마셍까?

これで 黄色は ありませんか。
　　　き いろ

🗣️ 어떤 색이 있습니까?

나니이로가 아리마스까?

何色が ありますか。
なにいろ

🎧 흰색과 검은색이 있습니다.

시로또 쿠로가 고자이마스

白と 黒が ございます。
しろ　 くろ

물건 구경하기 III - 소재, 디자인, 사이즈

옷은 입어보고 신발은 신어보는 등 사이즈가 있는 물건은 꼼꼼히 체크해서 구입하는 게 좋다. 특히 옷이나 신발은 한국과 사이즈 표기가 다르니 알아두자.

디자인	치수, 사이즈	꽉 끼다
데자잉 デザイン	**사이즈** サイズ	**키쯔이** きつい

더	크다	작다
못또 もっと	**오-끼이** 大きい	**치-사이** 小さい

가죽	실크	캐시미어
카와 革 かわ	**시루꾸** シルク	**카시미야** カシミヤ

모	마	면
우-루 ウール	**아사** 麻 あさ	**멩** 綿 めん

:기본 표현

다른 디자인도 보여 주세요.
호까노 데자임모 미세떼 꾸다사이
他の デザインも 見せて ください。

제 치수를 잘 모르겠어요.
와따시노 사이즈와
요꾸 와까리마셍
私の サイズは よく 分かりません。

TIP

× 옷 사이즈

일본 옷은 한국 사이즈보다 한 두 치수 크게 입는 것이 안전하다. 예를 들어 한국에서 S사이즈를 입는다면 M을 고르는 게 좋다.

한국 사이즈	일본 사이즈
44	36
55	38
66	40
44	3~7호
55~66	9~11호
66~77	11~13호
XS	S
S	M
M	L
L	XL, LL
XL	XXL, LLL

딱 맞아요.
핏따리데스
ぴったりです。

사이즈는 한국과 똑같습니까?
사이즈와 캉꼬크또 오나지데스까?
サイズは 韓国と 同じですか。

TIP

× 더 작은 것: 못또 치-사이노
　　　　　　（もっと 小さいの）

더 큰 것은 없습니까?
못또 오-끼이노와 아리마셍까?
もっと 大きいのは ありませんか。

흥정 및 계산하기

물건을 계산할 때 소비세 포함(제-꼬미 税込み)여부를 확인하자. 또 일정 금액 이상이면 면세(멘제- 免税) 혜택을 받을 수 있는 상점도 있으니 물어 보는 게 좋다. 선물용이라고 하면 예쁘게 포장을 해주기도 하고, 양이 많을 때는 종이백에 한꺼번에 넣어주고 선물 갯수에 맞게 여분의 봉투(후꾸로 袋)를 챙겨주기도 한다.

전부	면세	세금 포함
젬부 全部 ぜんぶ	**멘제-** 免税 めんぜい	**제-꼬미** 税込み ぜいこ

따로따로	현금	봉투
베쯔베쯔니 別々に べつべつ	**겡낑** 現金 げんきん	**후꾸로** 袋 ふくろ

선물 용	가격표
푸레젠또요- プレゼント用 よう	**네후다** 値札 ねふだ

:기본 표현

🗨️ 전부 얼마인가요?

젬부데 이꾸라데스까?

全部で いくらですか。

🗨️ 세금 포함인가요?

제-꼬미데스까?

税込みですか。

🗨️ 면세 가능한가요?

멘제-니 나리마스까?

免税に なりますか。

🗨️ 이 카드 쓸 수 있습니까?

코노 카-도와 츠까에마스까?

この カードは 使えますか。

🗨️ 좀 비싸네요.

춋또 타까이데스네

ちょっと 高いですね。

:기본 표현

🔊 좀 깎아 주세요.

마께떼 모라에마셍까?

まけて もらえませんか。

🔊 5,000엔으로 해 주세요.

고셍엔니 데끼마셍까?

五千円に できませんか。
ご せんえん

🔊 선물용으로 포장해 주세요.

푸레젠또요-니 츠쯘데 꾸다사이

プレゼント用に 包んで ください。
よう つつ

🔊 가격표는 떼 주세요.

네후다와 톳떼 꾸다사이

値札は とって ください。
ね ふだ

🔊 봉투 한 장 더 줄 수 있습니까?

후쿠로오 모- 이찌마이 모라에마스까?

袋を もう 一枚 もらえますか。
ふくろ いちまい

:기본 표현

🔊 087_mp3

💬 한국에서도 사용 가능합니까?

캉꼬꾸데모 시요- 데끼마스까?

韓国でも 使用 できますか。
かんこく　　　しよう

💬 한국에서도 애프터 서비스 가능합니까?

캉꼬꾸데 아후따-사-비스 데끼마스까?

韓国で アフターサービス できますか。
かんこく

잠깐!

🔺 오키나와에 가면

만좌모

만자모- | 万座毛
　　　　　 まん ざ もう

나키진 성터

나키진죠-아또
今帰仁城跡
な き じんじょうあと

슈리성

슈리죠- | 首里城
　　　　 しゅ り じょう

교환 및 환불하기

구입한 물건에 하자(키즈 きず)가 있으면 교환(코-깡 交換)이나 환불(하라이모도시 払い戻し)이 가능하다. 영수증(레시-또 レシート)은 반드시 지참하여야 하며 식품류의 경우 단순 변심으로 인한 교환은 제한이 있으니 반품에 신중하도록 한다.

사이즈
사이즈
サイズ

교환
코-깡
交換
こうかん

긁힌 자국
키즈
きず

반품
헴삥
返品
へんぴん

환불
하라이모도시
払い戻し
はら もど

영수증
레시-또
レシート

:기본 표현

🗣️ 교환할 수 있습니까?
코-깐 데끼마스까?
交換 できますか。
こうかん

🗣️ 사이즈가 안 맞아서요.
사이즈가 아와나인데스께도
サイズが 合わないんですけど。
あ

🗣️ 깨져 있어요.
코와레떼 이룬데스께도
壊れて いるんですけど。
こわ

🗣️ 반품하고 싶습니다.
헴벤시따인데스께도
返品したいんですけど。
へんぴん

🗣️ 환불 받고 싶습니다.
하라이모도시떼 모라에마셍까?
払い戻して もらえませんか。
はら　もど

기모노 빌리기

기모노와 소품을 고르면 점원이 옷을 입혀준다. 머리손질까지 해주는 렌탈숍도 많지만 예약을 하지 않으면 대기시간이 길어질 수 있으니 미리 가발을 준비하는 것도 좋은 아이디어!

일본 전통옷 **기모노** 着物 きもの	일본 전통옷(여름 일상복) **유까따** 浴衣 ゆかた	허리띠 **오비** 帯 おび
긴 소매 **후리소데** 振袖 ふりそで	버선 **타비** 足袋 たび	일본식 샌들 **조-리** 草履 ぞうり
겉옷 **하오리** 羽織 はおり	두루 주머니 **킨짜꾸** 巾着 きんちゃく	머리 꾸미개 **카미까자리** 髪飾り かみかざ
(기모노) 헤어세트 **헤아셋또** ヘアセット	보관 **아즈까리** 預かり あず	반납 **헹꺄꾸** 返却 へんきゃく

기본 표현

🔊 헤어세트는 얼마인가요?

헤아셋또와 이꾸라데스까?

ヘアセットは いくらですか。

🔊 머리 꾸미개는 무료인가요?

카미까자리와 무료-데스까?

髪飾りは 無料ですか。

🔊 짐 보관할 수 있습니까?

니모쯔아즈까리 데끼마스까?

荷物預かり できますか。

🔊 반납은 몇 시까지입니까?

헹꺄꾸와 난지마데데스까?

返却は 何時までですか。

기모노

기모노는 체형에 맞추어 입는 옷이 아니라 옷을 몸에 맞추어 입고 오비를 둘러 맵시를 내는 옷이다. 혼자 입기 힘들고 입은 뒤 걷기도 힘들지만, 일본 여행 중에 한번은 입어 보고 고궁 나들이나 꽃놀이를 즐길 만하다. 기모노와 관련된 용어들을 알아 보자!

- **다비 足袋**
  엄지발가락과 둘째 발가락 사이가 나누어진 일본식 버선

- **게다 下駄**
  목재로 만들어진 슬리퍼

- **주반 襦袢**
  기모노 안에 입는 옷이며 기모노를 입었을 때 주반의 동정 부분만 보임

- **오비 帯**
  허리에 두르는 긴 장식 천

- **후리소데 振袖**
  미혼 여성이 입는 긴 소매의 기모노

- **유카타 浴衣**
  기모노의 한 종류이며 목욕 후나 여름 축제에 입는 간편한 평상복

- **하오리 羽織**
  남자 기모노 위에 입는 짧은 겉옷

- **하카마 袴**
  겉에 입는 주름 잡힌 남자 하의

- **킨챠쿠 巾着**
  두루주머니

Unit 7

비상시

- 분실 및 도난
- 사고가 났을 때
- 병원에서
- 약국에서
- 위급할 때

분실 및 도난

차량 이동 중에 가방(카방 かばん)이나 물건을 놓고 내리는 경우가 종종 생긴다. 바로 분실물센터(이시쯔부츠센따 遺失物センター)에 확인하면 대개 찾을 수 있다. 도난을 당했을 경우에는 파출소(코-방 交番)가 어디 있는지 물어보고 곧장 달려가 신고하자.

TIP
- 도난 사건 사고의 경찰서 긴급신고: 110
- 주일한국대사관 전화번호: (81-3) 3452-7611/9
  여권 및 출입국 관련 03-3455-2018
  긴급 (81-3) 6400-0736

지갑	가방	휴대전화
사이후 財布 さいふ	카방 かばん	케-따이뎅와 携帯電話 けいたいでんわ

한국 대사관	분실물 센터	파출소
캉꼬크 따이시깡 韓国大使館 かんこくたいしかん	이시쯔부츠 센따- 遺失物センター いしつぶつ	코-방 交番 こうばん

경찰	재발행	어린이, 아이
케-사쯔 警察 けいさつ	사이학꼬- 再発行 さいはっこう	코도모 子ども こ

:기본 표현

🔊 열차 안에서 가방을 잃어버렸어요.

덴샤노 나까니 카방오 와스레마시따

電車の 中に かばんを 忘れました。

🔊 분실물 센터는 어디에 있습니까?

이시쯔부츠센따-와 도꼬데스까?

遺失物センターは どこですか。

🔊 지갑을 소매치기 당했어요.

사이후오 스라레마시따

財布を すられました。

🔊 파출소는 어디입니까?

코-방-와 도꼬데스까?

交番は どこですか。

🔊 경찰에 신고해 주세요.

케-사쯔니 토도께떼 꾸다사이

警察に 届けて ください。

:기본 표현

🗣️ 제 아이가 없어졌어요.

와따시노 코도모가 이나꾸 나리마시따

私の 子どもが いなく なりました。

🗣️ 찾으면 알려주세요.

미츠깟따라 시라세떼 꾸다사이

見つかったら 知らせて ください。

🗣️ 길을 잃었습니다.

미찌니 마요이마시따

道に 迷いました。

🗣️ 화장실은 어디입니까?

토이레와 도꼬데스까?

トイレは どこですか。

플러스 표현

파스뽀-또
パスポート 여권

사이후
財布 지갑
さいふ

코-꾸-껭
航空券 항공권
こうくうけん

카방
カバン 가방

케-따이
ケータイ 휴대전화

스마-또홍
スマートフォン 스마트폰

노-또빠소꽁
ノートパソコン 노트북

오 나쿠시마시따
を なくしました。
~을 잃어버렸어요.

사고가 났을 때

사고가 나면 당황스럽겠지만 침착하게 현장 사진을 찍어두고 바로 경찰을 불러 현장조사를 해야 한다. 다친 사람(케가오 시따 히또 けがを した 人)이 있으면 구급차(큐-뀨-샤 救急車)를 부르고 주일한국대사관에 도움을 요청할 수 있다.

> **TIP**
> × 긴급 전화번호
> 화재, 구조, 구급차 긴급신고 : 119

병원	약국	다침, 상처
뵤-잉 病院 びょういん	**약꼬꾸** 薬局 やっきょく	**케가** けが

구급차
큐-뀨-샤 救急車 きゅうきゅうしゃ

:기본 표현

🔊 가장 가까운 병원은 어디예요?

이찌방 치까이 뵤-잉와 도꼬데스까?

一番 近い 病院は どこですか。
いちばん ちか びょういん

🔊 다친 사람이 있어요.

케가오 시따 히또가 이마스

けがを した 人が います。
ひと

🔊 구급차를 불러 주세요.

큐-뀨-샤오 욘데 꾸다사이

救急車を 呼んで ください。
きゅうきゅうしゃ よ

🔊 병원에 데려가 주세요.

뵤-인니 쯔레떼 잇떼 꾸다사이

病院に 連れて 行って ください。
びょういん つ い

🔊 서둘러 주세요.

이소이데 꾸다사이

急いで ください。
いそ

:기본 표현

☻» 경찰을 불러 주세요.

케-사쯔오 욘데 꾸다사이

警察を 呼んで ください。
けいさつ　よ

☻» 면허증을 보여 주세요.

멩꾜쇼-오 미세떼 꾸다사이

免許証を 見せて ください。
めんきょしょう　み

☻» 자동차에 치였습니다.

쿠루마니 히까레마시따

車に ひかれました。
くるま

☻» 한국어 할 줄 아는 분 있습니까?

캉꼬꾸고오 하나세루 히또와 이마스까?

韓国語を 話せる 人は いますか。
かんこくご　はな　ひと

병원에서

비상약을 챙겨가도 갑작스럽게 병원을 찾아야 할 일이 생길 수 있다. 여행자 보험에 들었다면 치료 후에 영수증(료-슈-쇼 領收書)과 진단서(신단쇼 診斷書)를 꼭 발급받는다.

열 **네쯔** 熱 ねつ	두통 **즈쯔-** 頭痛 ずつう	기침 **세끼** 咳 せき
어지러움 **메마이** めまい	오한 **사무께** 寒気 さむけ	설사 **게리** 下痢 げり
콧물 **하나미즈** 鼻水 はなみず	식중독 **쇼크쮸-도꾸** 食中毒 しょくちゅうどく	골절 **콧세쯔** 骨折 こっせつ
염좌 **넨자** 捻挫 ねんざ	영수증 **료-슈-쇼** 領收書 りょうしゅうしょ	진단서 **신단쇼** 診斷書 しんだんしょ

: 기본 표현

🎧 어디가 안 좋으세요?

도-시마시따까?

どうしましたか。

🗣 열이 있어요.

네쯔가 아룬데스

熱が あるんです。

🗣 기침이 나와요.

세끼가 데룬데스

咳が 出るんです。

🗣 어지러워요.

메마이가 스룬데스

目まいが するんです。

🗣 메스꺼워요.

하키께가 스룬데스

吐き気が するんです。

:기본 표현

🗣️ 오한이 나요.

사무께가 스룬데스

寒気が するんです。

🗣️ 설사가 심해요.

게리가 히도인데스

下痢が ひどいんです。

🗣️ 임신중입니다.

닌신쮸-데스

妊娠中です。

🗣️ 언제부터 그랬습니까?

이츠까라데스까?

いつからですか。

🗣️ 어제부터입니다.

키노-까라데스

昨日からです。

> **TIP**
> × 언제?
> - 그저께: 오또또이(おととい)
> - 어젯밤: 유-베(夕べ, ゆうべ)
> - 오늘: 쿄-(今日, きょう)
> - 오늘 아침: 케사(今朝, けさ)

플러스 표현

코꼬
ここ 여기

오나까
お腹 배
なか

아따마
頭 머리
あたま

하
歯 이
は

가 이따인데스
が 痛いんです。 ~가 아파요.
   いた

잠깐!

히로시마에 가면

히로시마
평화기념관 원폭돔
히로시마 헤-와끼넹깡
겜바꾸도-무
広島 平和記念館 原爆ドーム
ひろしま へい わ き ねんかん げんばく

이쓰쿠시마 신사
이츠꾸시마진쟈
厳島神社
いつくしまじんじゃ

(히로시마식)
오코노미야키
오꼬노미야끼
お好み焼き
 この や

약국에서

우리나라와 마찬가지로 처방전(쇼호-센 処方せん)을 가지고 근처 약국(약꾜꾸 薬局)에 가서 약을 지으면 된다.

약국 **약꼬꾸** 薬局 やっきょく	알레르기 **아레루기-** アレルギー	감기약 **카제구스리** かぜ薬 くすり
소화제 **쇼-까자이** 消化剤 しょうかざい	반창고 **반도에-도** バンドエイド	처방전 **쇼호-셍** 処方せん しょほう
식전 **쇼꾸젱** 食前 しょくぜん	식후 **쇼꾸고** 食後 しょくご	

:기본 표현

 098_mp3

🗣️ 손을 베었어요.

테오 키리마시따

手を 切りました。

🗣️ 알레르기가 있습니다.

아레루기-가 아리마스

アレルギーが あります。

👂 처방전 가져오셨나요?

쇼호-셍 오모찌데스까?

処方せん お持ちですか。

👂 하루에 세 번 드세요.

이치니찌 상까이 오노미 꾸다사이

一日 3回 お飲み ください。

TIP
× 횟수
- 한 번: 익까이(一回, いっかい)
- 두 번: 니까이(二回, にかい)

👂 식후에 드세요.

쇼꾸고니 논데 꾸다사이

食後に 飲んで ください。

위급할 때

 099_mp3

예상치 못한 상황에 대비해 알아두면 좋은 표현들이다. 크게 소리를 질러 다급함을 표현해서 주변의 도움을 구할 수 있다.

🗣 위험해요!

아부나이!
あぶない！

🗣 도와 주세요!

타스께떼!
助けて！
たす

🗣 도둑이야!

도로보-!
どろぼう！

🗣 잡아라!

츠까마에떼!
捕まえて！
つか

캐릭터 천국 일본의 캐릭터 테마파크

캐릭터 테마파크란 유명 캐릭터를 이용해서 대중들이 친밀하게 다가가게 하고 다양한 볼거리와 재미를 주는 테마파크를 뜻한다. 최초의 캐릭터 테마파크인 디즈니랜드를 시작으로 최근에는 레고랜드에 이르기까지, 일본의 캐릭터 테마파크는 마니아 층의 발길을 이끌고 있다.

지바

도쿄 디즈니랜드 / 디즈니시

디즈니랜드는 아시아 최초로 디즈니 만화영화 속 배경과 캐릭터를 실제로 구현해 낸 디즈니 테마파크다. 디즈니랜드에 비해 한참 뒤에 생긴 디즈니시는 바닷속 모험을 즐길 수 있는 다양한 놀이기구와 볼거리가 많다. 디즈니 캐릭터를 좋아한다면 디즈니 리조트에서 일박하며 두 곳을 다 체험해 볼 만하다.

오사카

오사카 유니버설 스튜디오

해리포터, 미니언즈, 스파이더맨과 같은 인기 할리우드 영화를 테마로 한 캐릭터 테마파크. 박진감 넘치는 어트랙션이 많은 것이 특징이며, 매년 새로운 테마를 선보이고 있는데, 해리포터 구역이 새로 생기면서 인기가 더 높아졌다. 놀이기구를 기다리지 않고 타려면 익스프레스 티켓과 입장권은 미리 구입하는 게 팁!

도쿄

도쿄 지브리 미술관

지브리 미술관은 '이웃집 토토로' '센과 치히로의 행방불명' '하울의 움직이는 성' 등 우리나라에도 잘 알려진 미야자키 하야오 감독의 애니메이션 세상을 만날 수 있는 곳이다. 감독의 작업실을 재현한 방이며 여러 전시물들이 아기자기하게 잘 꾸며져 있어 마니아라면 열광할 만한 장소. 관람인원이 정해져 있어 사전예약제로 운영되므로 방문 계획이 있다면 반드시 예약을 해 두어야 한다. 다음달 티켓은 매월 10일에 열리며 매진이 금방 되니 서둘러야 한다.

도쿄

산리오 퓨로랜드(키티랜드)

실내형 테마파크여서 날씨에 상관없이 구경할 수 있다. 헬로키티와 마이멜로디를 비롯한 산리오의 캐릭터들로 꾸며져 있으며 건물 전체가 둥글게 디자인되어 캐릭터 왕국에 온 것 같은 느낌을 들게 하여 남녀노소가 다 좋아하는 곳이다.

나고야

나고야 레고랜드

가장 최근인 2017년에 만들어진 레고랜드는 일본의 명소들을 레고로 꾸며 놓은 것이 특징이다. 도쿄 스카이트리부터 교토의 긴카쿠지까지 레고블럭으로 만들어진 일본 풍경을 구경하는 재미가 쏠쏠하다. 레고 팩토리 투어와 더불어 레고 어드벤처를 즐길 수 있고 레고 제품도 물론 살 수 있다.

Unit 8

귀국

- 탑승 수속
- 공항 면세점에서

탑승 수속

귀국시 짐(니모쯔 荷物)이 항공사 허용량을 초과할 경우 요금이 부과된다. 항공사 별로 허용량과 추가 요금(츠이까료-낑 追加料金)이 다르니 미리 확인해 두자.

카운터	빈 자리	짐
카운따- カウンター	**쿠-세끼** 空席 (くうせき)	**니모쯔** 荷物 (にもつ)

추가 요금	탑승 게이트	출국 게이트
츠이까료-낑 追加料金 (ついかりょうきん)	**토-죠-게-또** 搭乗ゲート (とうじょう)	**슉꼬꾸게-또** 出国ゲート (しゅっこく)

준비	서울행	변경
요-이 用意 (ようい)	**소우루유끼** ソウル行き (ゆ)	**헹꼬-** 変更 (へんこう)

:기본 표현

🎧 항공사 카운터는 어디입니까?

코-꾸-가이샤노 카운따-와 도꼬데스까?

航空会社の カウンターは どこですか。
こうくうがいしゃ

🎧 빈자리는 있습니까?

쿠-세끼와 아리마스까?

空席は ありますか。
くうせき

🎧 짐은 몇 개입니까?

니모쯔와 이크쯔 아리마스까?

荷物は いくつ ありますか。
にもつ

🎧 짐은 이것뿐입니까?

니모쯔와 코레다께데스까?

荷物は これだけですか。
にもつ

🎧 짐의 추가 요금은 2000엔입니다.

니모쯔노 츠이까료-낑와 니셍엔데스

荷物の 追加料金は 2000円です。
にもつ ついかりょうきん にせんえん

:기본 표현

🎧 탑승 게이트는 몇 번입니까?

토-죠-게-또와 남방데스까?

搭乗ゲートは 何番ですか。
とうじょう　　　なんばん

🎧 15번입니다.

쥬-고반데스

15番です。
じゅうごばん

🎧 출국 게이트는 어디입니까?

슉꼬꾸게-또와 도꼬데스까?

出国ゲートは どこですか。
しゅっこく

🎧 탑승권과 여권을 준비해 주세요.

토-죠-껜또 파스뽀-또오 고요-이 꾸다사이

搭乗券と パスポートを ご用意 ください。
とうじょうけん　　　　　　　　　　よう い

:기본 표현

🎧 서울행 비행기가 14번 게이트로 변경되었습니다.

**소우루유끼노 히꼬-끼가
쥬-욤방게-또니 헹꼬-사레마시따**

ソウル行きの 飛行機が １４番ゲートに 変更されました。

나고야에 가면

도자기마을
토코나메 | 常滑

나고야성
나고야죠- | 名古屋城

장어덮밥
히쯔마부시
ひつまぶし

공항 면세점에서

미처 사지 못한 물건이 있다면 탑승 전 시간을 이용해서 쇼핑하면 된다.

위스키	담배	향수
우이스끼-	**타바꼬**	**코-스이**
ウイスキー	たばこ	香水 こうすい

초콜릿	기념선물	나머지
쵸꼬레-또	**오미야게**	**노꼬리노 붕**
チョコレート	お土産 みやげ	残りの 分 のこ ぶん

:기본 표현

📄 103_mp3

🗣️ 위스키 한 병과 담배 두 갑 주세요.

우이스끼- 입뽄또 타바꼬 후따쯔 쿠다사이

ウイスキー 一本と タバコ 二つ ください。
　　　　　いっぽん　　　　　ふた

🗣️ (환전한 현금을 다 내고) 나머지는 카드로 결제해도 됩니까?

노꼬리노 붕와 카-도데 시하랏떼모 이이데스까?

残りの 分は カードで 支払っても いいですか。
のこ　　ぶん　　　　　　しはら

잠깐!

🗻 기후에 가면

시라카와고(전통마을)
시라까와고- | 白川郷
　　　　　　しらかわごう

게로 온천
게로온셍 | げろ温泉
　　　　　　　おんせん

나가라 강
나가라가와 | 長良川
　　　　　　ながらがわ

일본의 전망대 및 야경 명소

탁 트인 경치와 더불어 밤을 수놓는 야경 또한 일본 여행에서 빼놓을 수 없는 볼거리다. 전망대 및 야경 명소로 손꼽히는 장소 열 곳을 소개한다.

도쿄

도쿄도청 전망대
東京都庁舎 展望台
とうきょう と ちょうしゃ てんぼうだい

도쿄 신주쿠역에서 접근성이 좋고 무료로 즐길 수 있는 도쿄도청 전망대는 도쿄의 전망 스포트로서 외국인에게 특히 인기가 높은 장소이다. 날씨가 좋으면 후지산까지 보인다.

도쿄

하네다 공항 국제선 터미널 전망 데크
羽田空港 国際線ターミナル 展望デッキ
はねだ くうこう こくさいせん　　　　　　てんぼう

비행기가 뜨고 내리는 광경을 가까이서 볼 수 있다는 게 장점이다. 활주로에 조명이 들어오고 데크에 별빛이 쏟아지면 로맨틱한 분위기가 연출되기 때문에 연인들이 데이트 장소로 선호하는 곳이다. 시간이 된다면 하네다 공항의 제1터미널 전망 데크와 제2터미널 전망 데크를 함께 돌아보아도 좋다.

도쿄

롭뽕기 힐즈 전망대
六本木ヒルズ展望台

도쿄 타워가 훤히 보이는 경치를 즐길 수 있는 명소이다. 스카이데크에서는 360도로 펼쳐지는 도쿄의 대 파노라마를 볼 수 있다.

도쿄

세계무역센터 빌딩 전망대 시사이드 톱
世界貿易センタービル展望台 シーサイド・トップ

지상 152m의 전망대에서 도쿄 타워와 스카이트리, 도쿄 만, 오다이바가 한눈에 들어온다. 많이 혼잡하지 않아서 고즈넉이 야경을 즐길 수 있다.

도쿄

도쿄 타워　東京タワー

도쿄의 상징물 '도쿄 타워'의 매력은 도쿄 스카이트리가 생겼어도 여전히 도쿄 한가운데서 붉은 빛을 뿜어내는 그 존재감이라고 할 수 있겠다. 해 떨어지기 직전에 올라가면 도쿄의 낮과 밤을 동시에 감상할 수 있다.

홋카이도

오쿠라야마 점프 경기장
大倉山ジャンプ競技場

스키 점프대 겸 전망대로서 삿포로 시내가 펼쳐지는 장관을 이룬다. 이곳에서 아래를 내려다 보면 매우 아찔한데 그게 인기 비결이기도 하다. 스키 점프 가상 체험과 같은 즐길 거리가 다양하다.

요코하마

요코하마 랜드마크타워
横浜ランドマークタワー

지상 69층 전망대에서는 요코하마와 미나토미라이의 절경을 360도 돌면서 즐길 수 있다. 같은 층에 카페도 있으니 칵테일이나 와인을 한손에 들고 야경을 즐기자.

오키나와

타마토리자키 전망대
玉取崎展望台

오키나와의 이시가키 섬에 가면 꼭 들러야 하는 곳이라고, 가본 사람은 입을 모아 말하는 절경을 만날 수 있는 곳이다. 기분 좋은 바람이 살랑거리고 왼쪽에는 이바루바 만, 정면에는 한나 산, 오른쪽에는 아름다운 산호초가 조화를 이룬다.

에히메

기로산 전망 공원
亀老山展望公園

구루시마(来島) 해협 대교를 비롯한 주변 섬들의 뛰어난 경치는 물론이고 전망대 건축물도 훌륭하다는 평판이다. 야경과 더불어 석양도 아름다운 곳이다.

교토

기요미즈데라(청수사)
清水寺

일본인들이 꼽는 전망 명소 중 곧잘 1위를 차지하는 곳은 비가 와도 운치가 있어서 날씨와 관계없이 인기를 누리는 기요미즈데라이다. 사계절이 뚜렷하며 계절마다 색다른 교토 시내를 볼 수 있지만 가장 아름다운 때는 역시 봄과 가을인 듯하다.

여행 일본어 표현 밀람

00 알아두면 좋은 일본어 기초 표현

기본 인사   *p.20*

안녕하세요(아침 인사)	おはよう ございます。
안녕하세요(낮 인사)	こんにちは。
안녕하세요(밤 인사)	こんばんは。
처음 뵙겠습니다.	はじめまして。
그럼 또 봐!	じゃあね。
안녕!, 바이바이(bye-bye)!	バイバイ。
안녕히 가세요.	さようなら。
또 만납시다.	また 会いましょう。
안녕히 주무세요.	お休みなさい。
잘 부탁드립니다.	よろしく お願いします。
환영합니다.	ようこそ。
어서 오세요.	いらっしゃいませ。
잘 먹겠습니다.	いただきます。
잘 먹었습니다.	ごちそうさまでした。
축하합니다.	おめでとう ございます。

대답   *p.22*

네	はい。
아니요.	いいえ。
알겠습니다.	分かりました。
모르겠습니다.	分かりません。
그렇습니다.	そうです。

일본어는 모릅니다.	日本語は 分かりません。
괜찮아요?	大丈夫ですか。
괜찮습니다.	大丈夫です。
괜찮아요?	いいですか。
괜찮습니다.	いいです。

감사, 사과, 부탁 *p.23*

고맙습니다.	どうも。
고맙습니다.	ありがとう ございます。
미안합니다.	すみません。
저기요, 실례합니다.	すみません。
한번 더 말해 주세요.	もう 一度 言って ください。

01 출발·도착

기내에서 자리 찾기 *p.30*

티켓을 보여 주세요.	チケットを 見せて ください。
손님 좌석은 이쪽입니다.	お客様の 座席は こちらです。
제 자리는 어디입니까?	私の 席は どこですか。
창가 쪽 자리가 제 자리입니다.	窓側の 席が 私の 席です。
저기요, 실례합니다.	すみません。
지나가도 될까요?	ちょっと 通して ください。
자리를 바꿔도 될까요?	席を 替わっても いいですか。
짐을 놓을 장소가 없습니다.	荷物を 入れる 場所が ありません。
안전벨트를 매 주세요.	シートベルトを お締め ください。

기내 서비스 요청하기   *p.33*

음료에는 어떤 게 있습니까?	飲み物には どんな ものが ありますか。
(찬) 물 주세요.	お水 ください。
볼펜 부탁합니다.	ボールペン お願いします。
(면세품 책자를 보며) 이것 있습니까?	これ ありますか。
(면세품 구입 시) 카드 되나요?	カードで いいですか。

기내 돌발 상황   *p.36*

몸이 좋지 않습니다.	気分が 悪いです。
머리가 아파요.	頭が 痛いんです。
약 있습니까?	薬 ありますか。
토할 것 같아요.	吐き気が するんです。
멀미봉지 부탁합니다.	エチケット袋 お願いします。
냉방(에어컨)을 꺼 주세요.	冷房を とめて ください。
화장실은 어디입니까?	トイレは どこですか。
화장실이 고장 난 것 같은데요.	トイレが 故障してるみたいなんですけど。

입국심사 및 짐 찾기   *p.40*

방문 목적이 무엇입니까?	訪問の 目的は 何ですか。
관광입니다.	観光です。
일본에 며칠 동안 머무릅니까?	日本に 何日間 滞在しますか。
3일간입니다.	三日間です。
숙박 장소는 어디입니까?	宿泊先は どこですか。
친척 집입니다.	親戚の 家です。

| 신고할 물건은 없습니까? | 何か 申告する ものは ありませんか。 |
| 제 가방이 나오지 않는데요. | 私の スーツケースが 出て こないんですけど。 |

02 교통

전철 및 지하철 이용하기 p.50

표는 어디에서 팝니까?	切符は どこで 売ってますか。
이 열차는 신주쿠로 갑니까?	この 電車は 新宿に 行きますか。
네, 갑니다.	はい、行きます。
아니요, 가지 않습니다.	いいえ、行きません。
시부야 역에서 긴자 선으로 갈아타세요.	渋谷で 銀座線に 乗り換えて ください。
긴자에는 무슨 선을 타고 갑니까?	銀座へは 何線で 行くんですか。
잠시 후 신주쿠 행 열차가 들어옵니다	まもなく、新宿行きの 電車が まいります。
다음 역은 무슨 역입니까?	次は 何て いう 駅ですか。
어디에서 갈아탑니까?	どこで 乗り換えるんですか。
신주쿠 역에서 갈아타세요.	新宿で 乗り換えて ください。
다음은 신주쿠, 신주쿠입니다.	次は 新宿、新宿です。
도쿄 역은 아직인가요?	東京駅は まだですか。
이미 지나쳤어요.	通りすぎちゃいましたよ。
아직입니다.	まだです。
남쪽 출구는 어디에요?	南口は どこですか。

버스 이용하기 p.54

| 우에노에 가는 버스는 어디에서 출발합니까? | 上野へ 行く バスは どこから 出てますか。 |

다음 버스는 몇 시입니까?	次の バスは 何時ですか。
요금은 얼마입니까?	料金は いくらですか。
210엔입니다.	２１０円です。
1일 승차권 주세요.	一日乗車券を ください。
이 버스는 우에노에 갑니까?	この バスは 上野へ 行きますか。
12번 버스를 타세요.	１２番の バスに 乗って ください。
건너편에서 타세요.	向こうで 乗って ください。
도착하면 알려 주세요.	着いたら 教えて ください。
다음에 내리세요.	次で 降りて ください。
차가 출발합니다.	発車します。
몇 시간 정도 걸립니까?	何時間ぐらい かかりますか。
15분간 정차하겠습니다.	１５分間 停車します。
오사카에는 몇 시에 도착합니까?	大阪には 何時に 着きますか。
7시 정도에 도착합니다.	七時ごろ 着きます。

택시 이용하기 p.59

택시를 불러 주세요.	タクシーを 呼んで ください。
트렁크를 열어 주세요.	トランクを 開けて ください。
어디까지 가십니까?	どちらへ 行かれますか。
이 호텔까지 부탁합니다.	この ホテルまで お願いします。
이 주소로 가 주세요.	この 住所に 行って ください。
급합니다.	急いでるんです。
저기에서 세워 주세요.	あそこで 止めて ください。
얼마입니까?	いくらですか。
1300엔입니다.	１３００円です。
잔돈은 괜찮습니다.	おつりは けっこうです。

렌터카 이용하기   p.63

자동차를 빌리고 싶은데요.	車を 借りたいんですけど。
어떤 자동차로 하시겠습니까?	どんな 車に なさいますか。
자동 변속 차량 부탁합니다.	オートマ車 お願いします。
여권과 면허증을 보여 주세요.	パスポートと 免許証を 見せて ください。
보험은 전부 들어 주세요.	保険は 全部 かけて ください。
도착지에서 반납해도 되나요?	乗り捨てが できますか。
도착지 반납 요금은 별도인가요?	乗り捨て料金は 別ですか。
자동차 반납은 몇 시까지인가요?	返車は 何時までですか。
유아용 카시트가 필요합니다.	チャイルドシートが ほしいんですけど。
차를 돌려드리겠습니다.	車を 返します。
(주유소에서) 가득 넣어 주세요.	満タンに して ください。
여기에 주차해도 되나요?	ここに 駐車しても いいですか。
주차 티켓을 잃어버렸어요.	駐車チケットを なくして しまいました。
차가 고장 났습니다.	車が 故障しました。
견인차를 불러 주세요.	レッカー車を 呼んで ください。

자전거 빌리기   p.67

여기에 자전거 빌려주는 곳이 있나요?	ここに レンタサイクルは ありますか。
자전거를 빌리고 싶은데요.	自転車を 借りたいんですけど。
하루에 얼마예요?	一日 いくらですか。
몇 시까지 반납할까요?	返却は 何時までですか。
오후 6시까지는 돌아와 주세요.	午後 六時までには お戻り ください。

길 물어보기 p.69

저기요, 실례합니다.	すみません。
길 좀 알려주시겠어요?	道を 教えて もらえますか。
역은 어디입니까?	駅は どこですか。
이쪽입니다.	こっちです。
이 주소를 찾고 있습니다.	この 住所を 探して いるんですけど。
여기는 이 지도에서 어디입니까?	ここは この 地図の どこでしょうか。
백화점 앞입니다.	デパートの 前です。
걸어서 갈 수 있습니까?	歩いて いけますか。
곧장 가나요?	まっすぐ 行くんですか。
편의점에서 오른쪽으로 도세요.	コンビニで 角を 右に 曲がって ください。
길을 건너세요.	道を わたって ください。
고맙습니다.	ありがとう ございます。

03 호텔

체크인: 예약했을 때 p.78

체크인 부탁합니다.	チェックイン お願いします。
예약했습니다.	予約しました。
이름은 한유나입니다.	名前は ハン・ユナです。
숙박 카드를 써 주세요.	宿泊カードに ご記入 ください。
어디에 씁니까?	どこに 書くんですか。
이렇게 하면 됩니까?	これで いいですか。
손님 방은 503호실입니다.	お客様の お部屋は 503号室です。
여기, 열쇠입니다.	こちらは かぎです。

안내 부탁합니다.	案内 お願いします。
짐을 맡아 줄 수 있어요?	荷物を 預かって もらえますか。
짐은 이것뿐입니다.	荷物は これだけです。
짐을 옮겨 주세요.	荷物を 運んで ください。
아침 식사는 몇 시부터입니까?	朝食は 何時からですか。
7시 반부터 10시까지입니다.	7時半から 10時までです。
체크아웃은 몇 시예요?	チェックアウトは 何時ですか。

체크인: 예약을 안 했을 때 p.82

빈 방 있어요?	空いて いる 部屋は ありますか。
1박하려고요.	一泊します。
금연실 부탁합니다.	禁煙ルームを お願いします。
다른 방을 보여 주세요.	他の 部屋を 見せて ください。
더 깨끗한 방 없어요?	もっと きれいな 部屋は ありませんか。
싱글 침대로 주세요.	シングルベッドに して ください。
조식은 포함인가요?	朝食は 付きますか。
계산은 어떻게 하시겠습니까?	お支払いは どのように なさいますか。
현금으로 할게요.	現金に します。

호텔 시설 이용하기 p.86

룸서비스 부탁합니다.	ルームサービス お願いします。
빨리 좀 부탁합니다.	急いで ください。
인터넷은 어디에서 쓸 수 있나요?	インターネットは どこで 使えますか。
방에서 와이파이 가능한가요?	部屋で ワイファイ できますか。
와이파이 비밀번호 뭐예요?	ワイファイの パスワードは 何ですか。

헬스장은 어디에 있어요?	ジムは どこに ありますか。
사우나는 언제 사용할 수 있어요?	サウナは いつ 使えますか。
예약이 필요한가요?	予約は 必要ですか。
사우나는 할인이 됩니까?	サウナは 割引が ききますか。
수영장 이용료는 얼마입니까?	プールの 利用料金は いくらですか。
6시에 모닝콜을 받을 수 있습니까?	6時に モーニングコールを もらえますか。
클리닝 서비스는 있습니까?	クリーニングサービスは ありますか。

방에 문제가 생겼을 때 *p.90*

잠깐 와 주세요.	ちょっと 来て ください。
더운 물이 안 나옵니다.	お湯が 出ません。
에어컨이 고장났습니다.	クーラーが 故障して います。
난방이 되지 않습니다.	暖房が ききません。
방이 너무 춥습니다.	部屋が 寒すぎます。
방 번호를 잊어버렸습니다.	部屋番号を 忘れました。
열쇠를 잃어버렸습니다.	かぎを なくしました。
방에 열쇠를 두고 나왔습니다.	部屋に かぎを 置き忘れました。
옆방이 시끄럽습니다.	となりの 部屋が うるさいです。
방을 바꿔 주세요.	部屋を 替えて ください。
화장실 물이 안 내려갑니다.	トイレの 水が 流れません。
화장실이 막혔습니다.	トイレが 詰まって しまいました。
시트가 더럽습니다.	シーツが 汚れて います。
텔레비전이 켜지지 않습니다.	テレビが 映りません。
전구가 나갔습니다.	電球が 切れて います。

체크아웃하기   *p.94*

체크아웃 부탁합니다.	チェックアウト お願(ねが)いします。
영수증 주세요	領収書(りょうしゅうしょ) お願(ねが)いします
어느 분 이름으로 할까요?	お宛名(あてな)は どう なさいますか。
택시 불러 주세요.	タクシーを 呼(よ)んで ください。
방에 놓고 온 물건이 있어요.	部屋(へや)に 忘(わす)れ物(もの)を しました。

04 식당

예약하기   *p.100*

여보세요	もしもし。
오늘 저녁 7시에 예약하고 싶습니다.	今夜(こんや) 7時(しちじ)に 予約(よやく)したいんですけど。
몇 분이십니까?	何名様(なんめいさま)ですか。
4명입니다.	四人(よにん)です。
금연석으로 부탁합니다.	禁煙席(きんえんせき)で お願(ねが)いします。
성함을 말씀해 주세요.	お名前(なまえ)を 教(おし)えて ください。
한유나입니다.	ハン・ユナです。
예약되었습니다.	予約(よやく)できました。
예약을 취소하고 싶은데요.	予約(よやく)を キャンセルしたいんですけど。
예약을 변경하고 싶은데요.	予約(よやく)を 変更(へんこう)したいんですけど。

식당에 들어가기   *p.104*

어서 오세요	いらっしゃいませ。

예약하셨나요?	予約なさいましたか。
예약했습니다.	予約しました。
이름을 알려 주세요.	お名前を いただけますか。
이쪽으로 오세요.	こちらへ どうぞ。
예약하지 않았습니다.	予約して いません。
몇 분이십니까?	何名様ですか。
두 사람입니다.	二人です。
창가 자리 있습니까?	窓際の テーブルは ありますか。
죄송하지만 지금 만석입니다.	すみませんが、ただいま 満席です。
얼마나 기다려야 합니까?	待ち時間は どれぐらいですか。
20분 정도입니다.	二十分ほどに なります。
그러면 기다리겠습니다.	じゃ、待ちます。
그러면 다음에 오겠습니다.	それじゃ、また 今度 来ます。
어린이용 의자가 있습니까?	子ども用の いすは ありますか。

주문하기   p.108

메뉴 주세요.	メニュー ください。
음료는 뭐로 하시겠어요?	飲み物は 何に なさいますか。
물이면 됩니다.	お水で いいです。
생맥주 주세요.	生ビール ください。
추천 요리는 뭐예요?	おすすめは 何ですか。
이 지역만의 요리는 있습니까?	地元ならではの 料理は ありますか。
그걸로 할게요.	それに します。
아직 못 정했어요.	まだ 決めて いません。
이따가 다시 와 주겠어요?	後で 来て もらえますか。
저것과 같은 것을 주세요.	あれと 同じ ものを ください。
같은 걸로 할게요.	同じ ものに します。

빨리 되는 것은 뭔가요?	早く できる ものは 何ですか。
주문을 변경해도 될까요?	注文を 変えても いいですか。
더 필요하신 것은 없으세요?	以上で よろしいでしょうか。

문제가 생겼을 때　　　　　　　　　　　　　　　　　　　　*p.113*

저기요, 실례합니다	すみません。
주문한 것이 아직 안 나왔어요.	注文した ものが まだ 来ないんですけど。
주문을 취소하고 싶은데요.	注文を キャンセルしたいんですけど。
이건 주문 안 했는데요.	これは 注文して いません。
이상한 것이 들어 있는데요.	変な ものが 入って いるんですけど。
맥주가 차갑지 않아요.	ビールが ちょっと ぬるいです。
죄송합니다.	もうしわけ ございません。
자리를 옮기고 싶은데요.	テーブルを 移りたいんですけど。

계산하기　　　　　　　　　　　　　　　　　　　　　　　　*p.116*

계산해 주세요.	お勘定を お願いします。
어디에서 계산하나요?	どこで 払いますか。
계산은 따로따로 해 주세요.	会計は 別々で お願いします。
제가 먹은 것은 얼마입니까?	私の 分は いくらですか。
한꺼번에 낼게요.	一緒で お願いします。
계산이 틀린 것 같습니다.	計算が 間違ってるみたいなんですけど。
신용카드로 계산할게요.	カードで 払います。
맛있게 먹었습니다.	おいしかったです。

패스트푸드점에서 p.119

먼저 오신 손님 오세요.	お先に お待ちの お客さまから どうぞ。
(사진 가리키며) 이것 주세요.	これ ください。
음료는 뭐로 하시겠어요?	飲み物は 何に なさいますか。
콜라로 부탁합니다.	コーラに します。
여기서 드시겠어요?	ここで お召し上がりですか。
여기서 먹을게요.	ここで 食べます。
가지고 가시겠어요?	お持ち帰りですか。
갖고 갈게요.	持ち帰ります。
리필됩니까?	おかわり できますか

술집에서 p.123

술은 어떻게 하시겠습니까?	お酒は どう なさいますか。
이 지역 특산 맥주 있어요?	地ビール ありますか。
어떤 맥주가 있어요?	どんな ビールが ありますか。
앞접시 주세요.	取り皿 ください。
물이면 충분해요.	水で けっこうです。
무알코올 음료 있습니까?	ノンアルコールの 飲み物は ありますか。
한 잔 더 주세요.	もう 一杯 ください。
재떨이 갈아주세요.	灰皿を 替えて ください。

초밥집에서 p.128

참치뱃살 주세요.	大トロ ください。
고추냉이는 빼 주세요.	わさび抜きで お願いします。
구운 연어 주세요.	あぶりサーモン ください。

라면집에서　　　　　　　　　　　　　　　　　　　　p.133

| 면은 어느 정도로 익힐까요? | 麺の かたさは どう しますか。 |
| 꼬들꼬들하게 해 주세요. | かためで お願いします。 |

카페에서　　　　　　　　　　　　　　　　　　　　　p.136

카푸치노 주세요.　　　　　　　　カプチーノ ください。
뜨거운 걸로 드릴까요?　　　　　ホットで よろしいですか。
아이스로 부탁합니다.　　　　　　アイスで お願いします。
추천 디저트가 있습니까?　　　　お勧めの デザートは ありますか。
콘센트를 사용해도 됩니까?　　　コンセントを 使っても いいですか。

05 관광

정보 얻기　　　　　　　　　　　　　　　　　　　　　p.150

관광안내소는 어디입니까?　　　　観光案内所は どこですか。
한국어 팸플릿은 있습니까?　　　　韓国語の パンフレットは ありますか。
이 거리는 뭐라고 합니까?　　　　　この 通りは 何て 言うんですか。
입장권은 어디에서 팝니까?　　　　入場券は どこで 売って いるんですか。
근처에 유료 보관함은 있습니까?　近くに コインロッカーは ありますか。

표 구입하고 관광하기　　　　　　　　　　　　　　　　p.153

매표소는 어디입니까?　　　　　　切符売り場は どこですか。

당일권은 있습니까?	当日券は ありますか。
입장료는 얼마입니까?	入場料は いくらですか。
어른 두 장 어린이 한 장 주세요.	大人 2枚と 子ども 1枚 ください。
학생 할인 가능합니까?	学割は できますか。
익스프레스는 필요없습니다.	エクスプレスは 要りません。
만지지 마세요.	手を 触れないで ください。
이곳에서 사진을 찍어도 되나요?	ここで 写真を 撮っても いいですか。
사진을 찍어 주시겠어요?	写真を 撮って いただけますか。

공연 관람하기　　　　　　　　　　　　　　　　　p.156

공연 시작은 몇 시입니까?	開演は 何時ですか。
자리가 있나요?	席は ありますか。
가장 싼 표는 얼마인가요?	一番 安い チケットは いくらですか。
이 좌석까지 안내해 주세요.	この 座席まで 案内して ください。
촬영은 삼가해 주세요.	撮影は ご遠慮 ください。

스포츠 관람하기　　　　　　　　　　　　　　　　p.158

오늘은 경기가 있습니까?	今日は 試合 ありますか。
표는 어디에서 살 수 있습니까?	チケットは どこで 買えますか。
표가 매진되었습니다.	チケットは 売り切れました。
한 장에 얼마입니까?	一枚 いくらですか。
몇 시부터 입장할 수 있습니까?	何時から 入れますか。

06 쇼핑

상점 찾기 p.166

가전제품 판매장은 몇 층입니까?	家電売り場は 何階ですか。
5층입니다.	5階です。
엘리베이터는 어디에 있습니까?	エレベータは どこですか。
지금 세일 중입니까?	今 セールは やって いますか。
영업 시간은 몇 시입니까?	営業時間は 何時ですか。

물건 구경하기 I p.170

구경 좀 할게요	ちょっと 見ても いいですか。
찾으시는 게 있으신가요?	何か お探しですか。
보기만 하려고요	見てるだけです。
프리볼트 제품이 있습니까?	フリーボルトの 製品は ありますか。
가방을 찾는데요.	かばんを 探して いるんですけど。
저거 보여 주세요.	あれを 見せて ください。
들어 봐도 될까요?	手に とっても いいですか。
신어 봐도 될까요?	はいて みても いいですか。
입어 봐도 될까요?	試着しても いいですか。
탈의실이 어디예요?	試着室は どこですか。
이건 별로 마음에 안 드네요.	これは ちょっと。
이걸로 할게요.	これに します。
나중에 또 올게요.	後で また 来ます。

물건 구경하기 II - 색깔   p.174

색깔만 다른 게 있습니까?	色違いは ありますか。
이걸로 노란색은 없습니까?	これで 黄色は ありませんか。
어떤 색이 있습니까?	何色が ありますか。
흰색과 검은색이 있습니다.	白と 黒が ございます。

물건 구경하기 III - 소재, 디자인, 사이즈   p.176

다른 디자인도 보여 주세요.	他の デザインも 見せて ください。
제 치수를 잘 모르겠어요.	私の サイズは よく 分かりません。
딱 맞아요.	ぴったりです。
사이즈는 한국과 똑같습니까?	サイズは 韓国と 同じですか。
더 큰 것은 없습니까?	もっと 大きいのは ありませんか。

흥정 및 계산하기   p.178

전부 얼마인가요?	全部で いくらですか。
세금 포함인가요?	税込みですか。
면세 가능한가요?	免税に なりますか。
이 카드 쓸 수 있습니까?	この カードは 使えますか。
좀 비싸네요.	ちょっと 高いですね。
좀 깎아 주세요.	まけて もらえませんか。
5,000엔으로 해 주세요.	五千円に できませんか。
선물 용으로 포장해 주세요.	プレゼント用に 包んで ください。
가격표는 떼 주세요.	値札は とって ください。
봉투 한 장 더 줄 수 있습니까?	袋を もう 一枚 もらえますか。

한국에서도 사용할 수 있습니까?	韓国でも 使用 できますか。
한국에서 애프터 서비스 가능합니까?	韓国でも アフターサービス できますか。

교환 및 환불하기 p.182

다른 물건으로 교환할 수 있습니까?	交換できますか。
사이즈가 안 맞아서요.	サイズが 合わないんですけど。
깨져 있어요.	壊れて いるんですけど。
반품하고 싶습니다.	返品したいんですけど。
환불 받고 싶습니다.	払い戻して もらえませんか。

기모노 빌리기 p.184

헤어세트는 얼마인가요?	ヘアセットは いくらですか。
머리 꾸미개는 무료인가요?	髪飾りは 無料ですか。
짐 보관할 수 있습니까?	荷物預かり できますか。
반납은 몇 시까지입니까?	返却は 何時までですか。

07 비상시

분실 및 도난 p.190

열차 안에서 가방을 잃어버렸어요.	電車の 中に かばんを 忘れました。
분실물 센터는 어디에 있습니까?	遺失物センターは どこですか。
지갑을 소매치기 당했어요.	さいふを すられました。
파출소는 어디입니까?	交番は どこですか。

경찰에 신고해 주세요.	警察に 届けて ください。
제 아이가 없어졌어요.	私の 子どもが いなく なりました。
찾으면 알려주세요.	見つかったら 知らせて ください。
길을 잃었습니다.	道に 迷いました。
화장실은 어디입니까?	トイレは どこですか。

사고가 났을 때 p.194

가장 가까운 병원은 어디예요?	一番 近い 病院は どこですか。
다친 사람이 있어요.	けがを した 人が います。
구급차를 불러 주세요.	救急車を 呼んで ください。
병원에 데려가 주세요.	病院に つれて 行って ください。
서둘러 주세요.	急いで ください。
경찰을 불러 주세요.	警察を 呼んで ください。
면허증을 보여 주세요.	免許証を 見せて ください。
자동차에 치였습니다.	車に ひかれました。
한국어 할 줄 아는 분 있습니까?	韓国語を 話せる 人は いますか。

병원에서 p.197

어디가 안 좋으세요?	どうしましたか。
열이 있어요.	熱が あるんです。
기침이 나와요.	咳が 出るんです。
어지러워요.	目まいが するんです。
메스꺼워요.	吐き気が するんです。
오한이 나요.	寒気が するんです。
설사가 심해요.	げりが ひどいんです。

임신중입니다.	妊娠中です。
언제부터 그랬습니까?	いつからですか。
어제부터입니다.	昨日からです。

약국에서　　　　　　　　　　　　　　　　　　　　p.201

손을 베었어요.	手を 切りました。
알레르기가 있습니다.	アレルギーが あります。
처방전 가져오셨나요?	処方せん お持ちですか。
하루에 세 번 드세요.	一日 3回 お飲み ください。
식후에 드세요.	食後に 飲んで ください。

위급할 때　　　　　　　　　　　　　　　　　　　　p.203

위험해요!	あぶない！
도와 주세요!	助けて！
도둑이야!	どろぼう！
잡아라!	捕まえて！

08 귀국

탑승 수속　　　　　　　　　　　　　　　　　　　　p.208

항공사 카운터는 어디입니까?	航空会社の カウンターは どこですか。
빈자리는 있습니까?	空席は ありますか。
짐은 몇 개입니까?	荷物は いくつ ありますすか。

짐은 이것뿐입니까?	荷物は これだけですか。
짐의 초과 요금은 2,000엔입니다.	荷物の 追加料金は ２０００円です。
탑승 게이트는 몇 번입니까?	搭乗ゲートは 何番ですか。
15번입니다.	１５番です。
출국 게이트는 어디입니까?	出国ゲートは どこですか。
탑승권과 여권을 준비해 주세요.	搭乗券と パスポートを ご用意 ください。
서울행 비행기가 14번 게이트로 변경되었습니다.	ソウル行きの 飛行機が １４番ゲートに 変更されました。

면세점에서 *p.212*

위스키 한 병과 담배 두 갑 주세요.	ウイスキー 一本と タバコ 二つ ください。
(환전한 현금을 다 내고) 나머지는 카드로 결제해도 됩니까?	残りの 分は カードで 支払っても いい ですか。

Memo

MEMO

MEMO

MEMO

MEMO

MEMO

MEMO

MEMO

주요 행선지

10일째: _____ 월 _____ 일

오늘의 일정

✓ 체크 리스트

- ☐ _____
- ☐ _____
- ☐ _____
- ☐ _____
- ☐ _____
- ☐ _____

주요 행선지

8일째: _____ 월 _____ 일

🕒 오늘의 일정

☑ 체크 리스트

- ☐ _____
- ☐ _____
- ☐ _____
- ☐ _____
- ☐ _____
- ☐ _____

주요 행선지

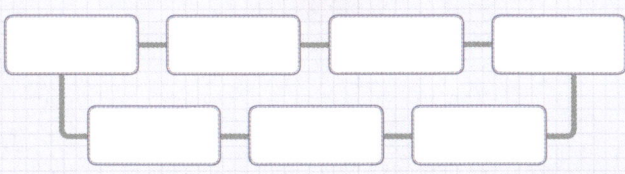

7일째: _____ 월 _____ 일

🕒 **오늘의 일정**

 **체크 리스트**

☐ _____ ☐ _____
☐ _____ ☐ _____
☐ _____ ☐ _____

주요 행선지

6일째: _____ 월 _____ 일

오늘의 일정

체크 리스트

주요 행선지

5일째: _____ 월 _____ 일

🕒 오늘의 일정

☑ 체크 리스트

- [ ] _____
- [ ] _____
- [ ] _____
- [ ] _____
- [ ] _____
- [ ] _____

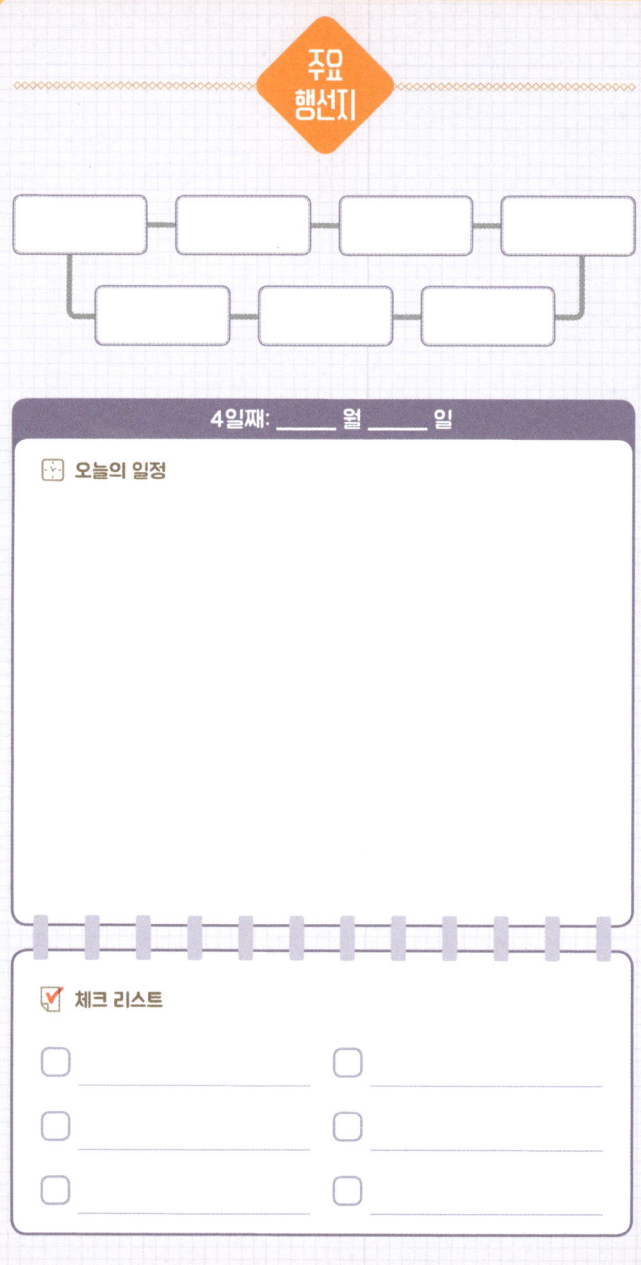

주요 행선지

4일째: _____ 월 _____ 일

🕐 오늘의 일정

☑ 체크 리스트

- ☐ _____
- ☐ _____
- ☐ _____
- ☐ _____
- ☐ _____
- ☐ _____

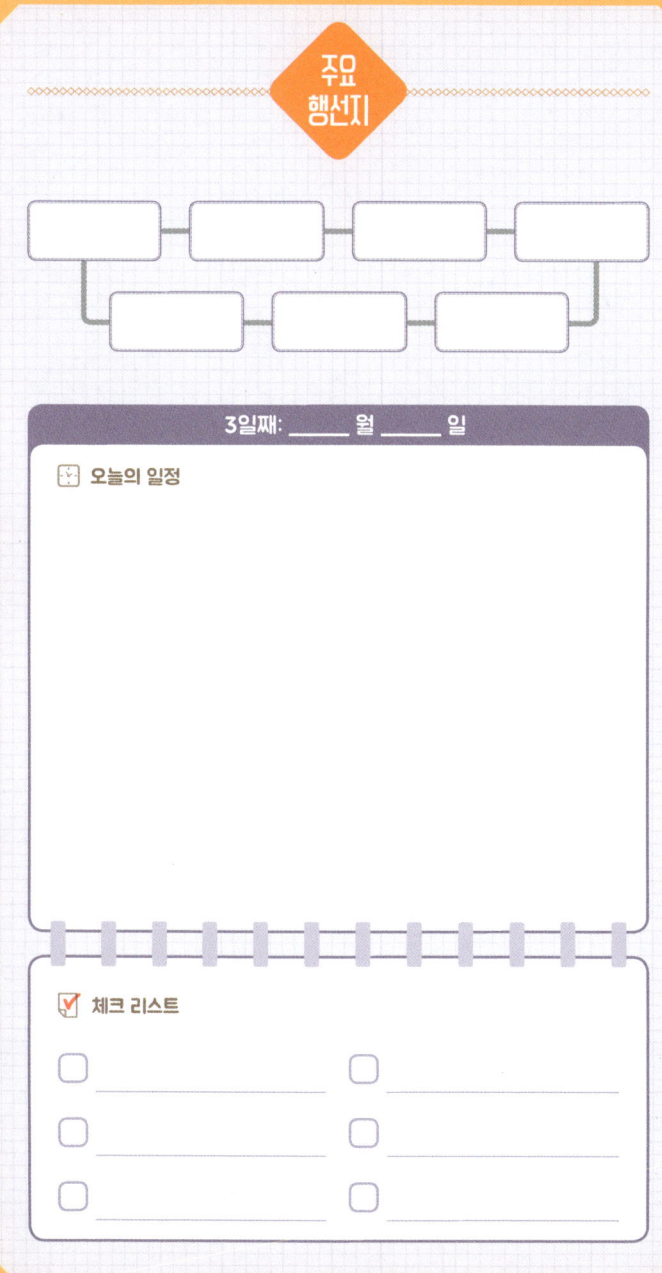

주요 행선지

3일째: _____ 월 _____ 일

🕒 오늘의 일정

☑ 체크 리스트

- ☐ _____
- ☐ _____
- ☐ _____
- ☐ _____
- ☐ _____
- ☐ _____

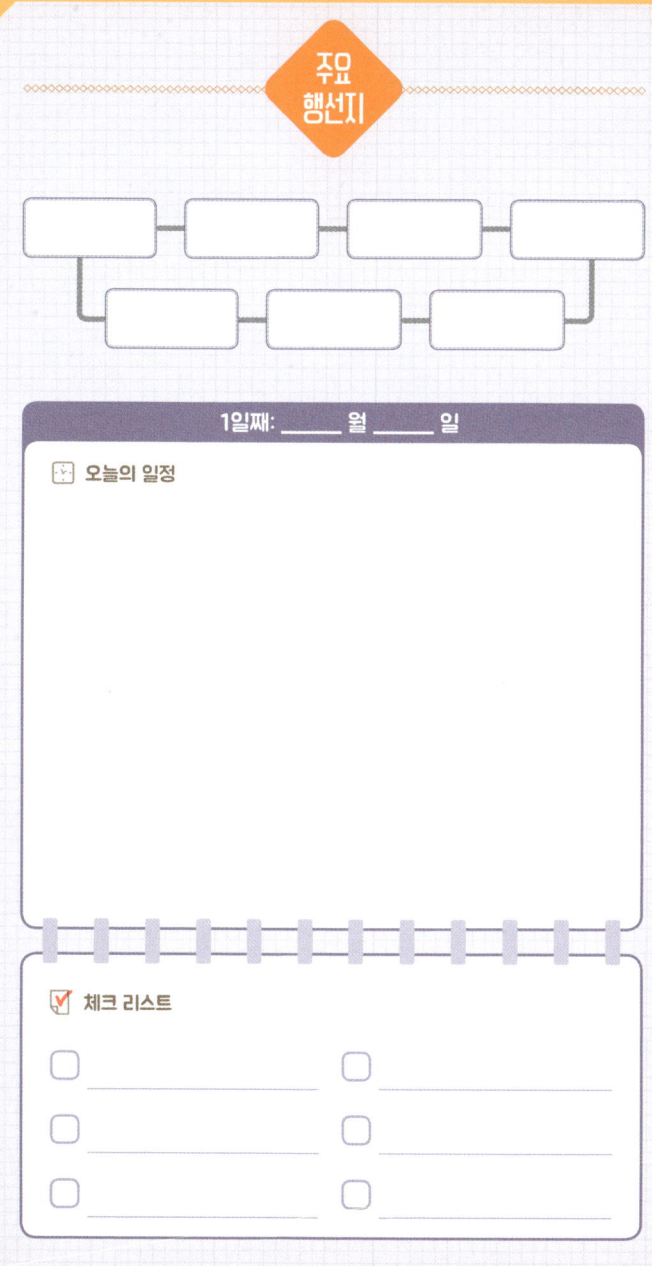

여행 경비

항목	비용	구입처	현금, 카드

여행 경비

항목	비용	구입처	현금, 카드

여행 경비

항목	비용	구입처	현금, 카드

위시 리스트

면세품 챙기기

항목	비용	구입처	현금, 카드

짐 챙기기

- ✓ 여권

항공 스케줄

out

- *date*
- *city/airport*
- *time*
- *flight no.*
- *seat no.*

항공 스케줄

in

date
city/airport
time
flight no.
seat no.

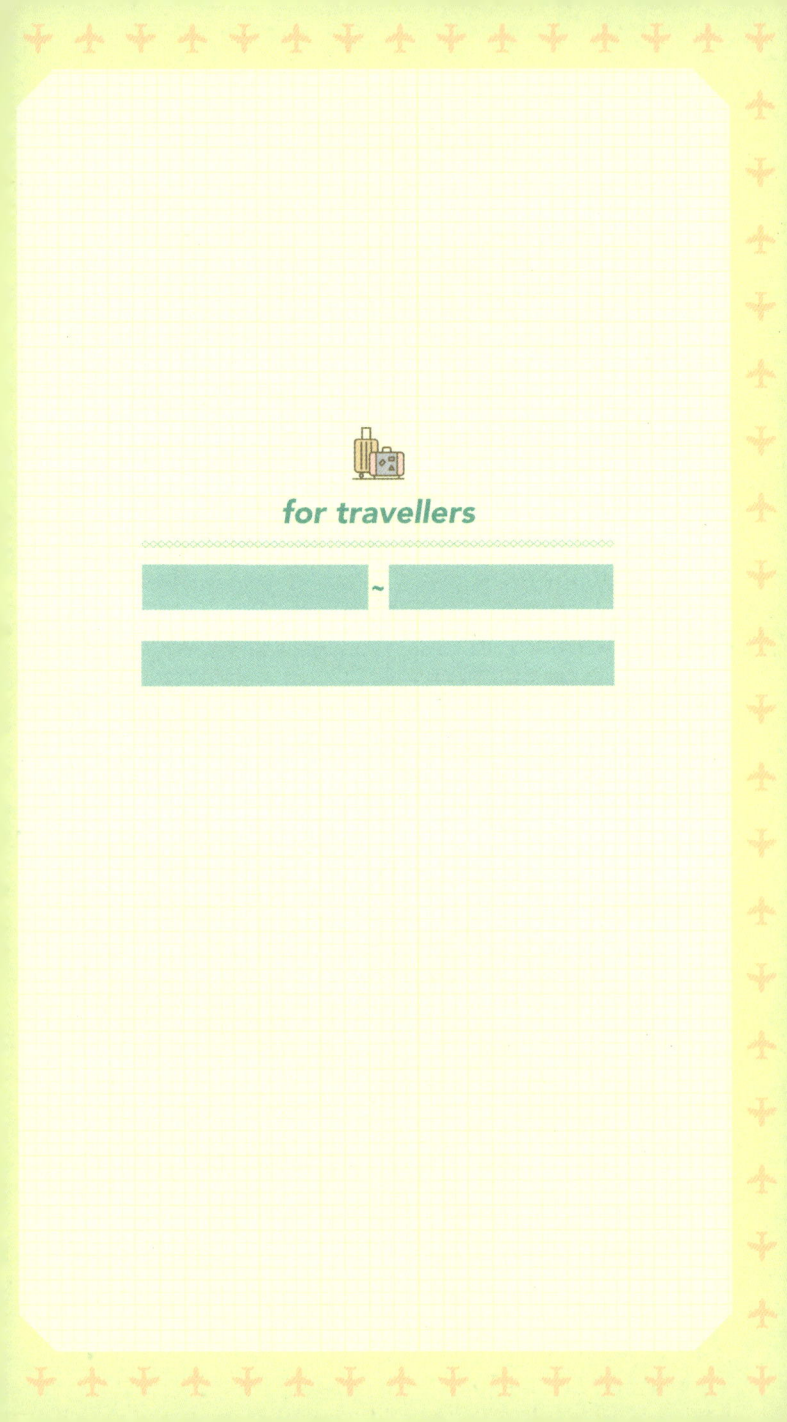

for travellers